国际汉语教材的话题设计与处理

杨丽姣 著

项目依托：教育部人文社会科学规划基金项目 [18YJAZH112]
国家语委科研规划重点项目 [ZDI135-42]

图书在版编目（CIP）数据

国际汉语教材的话题设计与处理 / 杨丽姣著 . —北京：中央编译出版社，2019.3

ISBN 978-7-5117-3693-2

Ⅰ . ①国…
Ⅱ . ①杨…
Ⅲ . ①汉语 – 对外汉语教学 – 教材 – 研究
Ⅳ . ① H195.3

中国版本图书馆 CIP 数据核字（2018）第 300351 号

国际汉语教材的话题设计与处理

出 版 人：	葛海彦
出版统筹：	贾宇琰
责任编辑：	谭　伟
责任印制：	刘　慧
出版发行：	中央编译出版社
地　　址：	北京西城区车公庄大街乙 5 号鸿儒大厦 B 座（100044）
电　　话：	（010）52612345（总编室）　（010）52612349（编辑室） （010）52612316（发行部）　（010）52612346（馆配部）
传　　真：	（010）66515838
经　　销：	全国新华书店
印　　刷：	鸿博昊天科技有限公司
开　　本：	710 毫米 ×1000 毫米　1/16
字　　数：	200 千字
印　　张：	12.75
版　　次：	2019 年 3 月第 1 版
印　　次：	2019 年 3 月第 1 版第 1 次印刷
定　　价：	58.00 元
网　　址：	www.cctphome.com　　邮　　箱：cctp@cctphome.com
新浪微博：	@ 中央编译出版社　　微　　信：中央编译出版社（ID: cctphome）
淘宝店铺：	中央编译出版社直销店（http://shop108367160.taobao.com）（010）55626985

本社常年法律顾问：北京市吴栾赵阎律师事务所律师　闫军　梁勤
凡有印装质量问题，本社负责调换，电话：（010）55626985

序言一

杨丽姣老师是与我在北京师范大学（以下简称"北师大"）中文信息处理研究所一起工作多年的同事，其实在她来研究所工作之前我们就认识。有几件事让我对她印象深刻。一是我拜读过她的博士学位论文《现代汉语介词功能研究》，论文提出现代汉语介词不仅具有标引功能，而且具有标志功能，并据此将现代汉语介词重新分类，同时提出介词这两种功能存在动态竞争，制约着介词的隐现、虚拟和现实，对现代汉语介词结构在不同句式中的分布有很大影响，这些都是很有意思的论断。当时拜读的感觉是她对语言事实的描写极为细致，对理论的探索非常深入，而这两方面都常由语用入手。这就使得她的研究立足语言而不限于语言，能从更为复杂多样的人类生活本身来考察语言现象。这给了我很大启发：语言折射的是生活和文化，语言的底面是生活和文化。

二是她曾参加美国 AP（Advanced Placement）中文课程教材《加油》的编写。众所周知，美国的 AP 中文考试是 2007 年首次开考的，但很少人知道由中国人编写的《加油》实际上从 2006 年就开工了。那一年中国召开了"全国汉语国际推广工作会议"，提出了六大转变的工作设想，《加油》的编写在这样的背景下展开，思路全新。因为教材的使用者是美国中学师生，编写组数度前往美国考察课堂教学，听课对象从幼儿园到大学研究生，从公立、私立、教会学校到各类培训机构，搜集了大量一手材料，比较深入地体验了 AP 课程面貌，并从中析出适应美国这种非汉语母语环境汉语教学的特征，尤其是汉语教师和教材的适应特性。《加油》与以往汉语作为第二种语言（以下简称"二语"）的教材相比，更加注重中华文化。这当然与 AP 中文考试的要求有关（AP 中文考试全称是"先修中国语言及文化考试"），但也反映出编写组认为汉语国际推广的本质是中华文化传播。她们的考察成果影响了我国汉语国际教育专业硕士课程的设置，比如中华文化传播和中华才艺等教学内容的提出，就借鉴了她们的调查所得。杨老师在考察中收获甚丰，对她后来开展的一些研究课题产生了不小影响。其中重要的一点就是对语言话题和文化的关注。

再有，杨老师近年承担和完成了不少课题，大都围绕汉语国际教育的语料库建设、计算机辅助自动化教学等展开，她还去美国加州大学洛杉矶分校做过一年访问学者。培养语言学与计算机科学通才，是北师大中文信息处理研究所人才培养工作的特色。杨老师在指导培养学生的同时，自己也从纯粹的语言学者转型为跨学科教师。在这些年的研究工作中，她始终结合教学实践，注重实际应用，牢牢把握着自己处理语言现象的路向和特色。现在这本《国际汉语教材的话题设计与处理》，就是研究的成果之一。

话题，就国际汉语课堂教学来说，是师生、生生互动的核心。课堂交际情境因话题而生成，汉语文化元素由话题而领悟，学生表述能力缘话题而练习，各项教学目标借话题而落实。然而学界对国际汉语教材中话题的性质、作用、功能类型、理想化特征等的研究还不深入，全面系统的理论阐述更是阙如。杨老师这本书显然于此有补苴之功。

本书一大特点是语料库语言学方法的运用，这既源于杨老师在语言学与计算机科学两个领域的辛勤耕耘，也是信息时代语言研究的必然之路。像书中涉及的话题层级框架、总体布局，话题中热点词汇的提取、话题难度的揣测以及话题设计与处理的评估等，没有对人工智能的深刻了解，不具备知识工程研究能力，就无法提出更谈不上运用教材话题信息动态更新的知识框架与技术手段。本书的这个特点值得从事汉语作为外语教学话题研究、教材研发以及教学实践的同行教师借鉴。

这本书的另一特色是对语言教学中文化因素的定位。书中对国际汉语教材的话题设计与处理，着眼语言文化传播的有效性，立足不同文化的交流交际，探讨教材如何观察、选择汉语文化符号及学习者母语文化符号，如何通过话题中语言与文化要素的有机交融，培养学生对语言文化的感知与洞察，拓宽他们的视野，提升他们发现与联系各类文化的技能，促进学习者汉语运用能力和多元文化意识的养成。教材话题的文化因素处理极为复杂，必须细致。本书对这一问题的剖析，既有第七章、第八章的专门分析，也渗透在其他各章诸如关于话题的功能、布局、实用性、开放性、思辨性、体验性、新知性、趣味性等的讨论中。这些讨论都贯穿着一个观念：真要学好教好一门语言，离不开与这门语言相关的生活和文化。而这样的认识，杨老师当年的博士学位论文中早具雏形，如今是更加丰满成熟了。

今天是世界读书日，杨老师的书是一本好书，值得一读。

朱小健
2018 年 12 月

序言二

关于国际汉语教材的话题要素，教师和教材研发者有许多关心的问题，比如，什么样的话题在课堂交际互动中是有效的，如何讲述中国故事，怎样在纷繁复杂、不断更新的语言文化信息中选择适当的话题进入教材，话题与词汇、文化符号的关系是什么等。

《国际汉语教材的话题设计与处理》一书面向教材编写和教师教学的实际需要，基于大规模教材语料库数据以及教材案例分析，结合汉语国际教育、语料库语言学、认知心理学等多学科研究视野，比较系统地探讨了话题的功能类型划分，提出话题具有语境框架、文化认知、词语关联和情感带入等四项功能，分为信息型、观点型、互动型等六种类型，好的话题具有趣味性与思辨性、容易引发讨论、贴近学习者生活体验等特点，并且可以促进学习者调动感知、记忆、思考、想象等积极的情感体验参与课堂言语交际互动。

该书从教材宏观设计与关系处理出发，阐述了话题的层次架构与布局、话题的分布与复现，以及交际话题的转换衔接等，并基于语料库的话题高频词特征，构建了教材热点话题词表，从跨文化传播视角，提出对文化符号进行选择与处理的若干原则。这本书还简要论述了国际汉语教材编写如何积极应对信息化时代语言资源建设及资源应用模式的深刻变化，提出一种面向汉语国际教育的话题知识库构建方案，涉及语义表达功能、话题分级信息、话题关键词、文化与文化比较信息等要素。

总体来看，无论是对一线汉语教师还是教材研发者，这本书都值得一读。这本书的出版也有益于国际汉语教材建设科学化水平的提升，对汉语国际传播事业的快速健康发展有促进作用。

吴应辉
2018 年 12 月

目　　录

序言一

序言二

第一章　引论 ··· 1
 第一节　什么是话题 ··· 3
 第二节　话题与教学中文化要素的关系 ··· 5
 第三节　教学及教材的话题研究 ·· 7
 第四节　教材中的话题处理 ·· 9
 第五节　话题设计探索与实践 ··· 11
 小结 ·· 15
 参考文献 ·· 15

第二章　话题的功能与类型 ··· 18
 第一节　话题的基本功能 ·· 18
 第二节　话题的功能分类 ·· 27
 第三节　互动型话题的转换与衔接 ·· 33
 小结 ·· 35
 参考文献 ·· 35

第三章　话题的布局选点与综合处理 ·· 37
 第一节　多元化主题框架 ·· 37
 第二节　话题兴趣与话题选取 ·· 42
 第三节　四部教材话题布局实例分析 ··· 46
 第四节　话题的综合处理 ·· 48
 小结 ·· 54

参考文献 ··· 55

第四章　话题以及话题处理的理想化特性 ························· 56
　　第一节　话题处理的三个层面 ··· 56
　　第二节　话题设计的针对性与实用性 ······································ 57
　　第三节　话题的开放性与思辨性 ·· 61
　　第四节　话题的体验性、新知性和趣味性 ······························ 64
　　小结 ·· 67
　　参考文献 ··· 67

第五章　话题热点词 ·· 69
　　第一节　汉语国际教育动态语料库概况 ·································· 69
　　第二节　热点话题、高频词与热点词 ······································ 73
　　第三节　热点话题中的超纲词分析 ·· 77
　　第四节　热点话题中的口语词分析 ·· 80
　　小结 ·· 85
　　参考文献 ··· 86

第六章　话题分布与话题复现 ··· 87
　　第一节　话题表达分级目标与话题分布 ·································· 87
　　第二节　教材中的话题分布 ·· 89
　　第三节　热点话题相关文本的难度计算 ·································· 92
　　第四节　话题的多模式复现 ·· 94
　　小结 ·· 99
　　参考文献 ··· 100

第七章　文化符号的选取与表达 ·· 101
　　第一节　文化、文化点以及文化符号 ······································ 102
　　第二节　文化三角观与文化层次论 ·· 103
　　第三节　教材中文化符号的选取及处理 ·································· 104
　　第四节　文化传播视角下的文化符号选取 ······························ 108
　　第五节　不同层次文化符号的关联处理 ·································· 111

小结 ……………………………………………………………………………… 115
　　参考文献 ………………………………………………………………………… 116

第八章　跨文化交流沟通与话题处理 …………………………………………… 117
　　第一节　教材的文化认知功能 …………………………………………………… 118
　　第二节　敏感话题处理策略 ……………………………………………………… 118
　　第三节　文化消极因素处理策略 ………………………………………………… 121
　　第四节　跨文化意识与话题挖掘 ………………………………………………… 126
　　小结 ……………………………………………………………………………… 130
　　参考文献 ………………………………………………………………………… 131

第九章　人物设计与话题处理 …………………………………………………… 132
　　第一节　人物设计与话题的宏观布局 …………………………………………… 132
　　第二节　人物设计与话题功能实现 ……………………………………………… 135
　　第三节　人物设计的若干问题 …………………………………………………… 138
　　小结 ……………………………………………………………………………… 140
　　参考文献 ………………………………………………………………………… 141

第十章　话题设计的衡量与评价 ………………………………………………… 142
　　第一节　话题总体设计评估维度 ………………………………………………… 142
　　第二节　话题处理评估维度 ……………………………………………………… 144
　　第三节　基于类别语义特征的评估与衡量 ……………………………………… 146
　　小结 ……………………………………………………………………………… 147
　　参考文献 ………………………………………………………………………… 148

第十一章　话题知识库与语言资源建设 ………………………………………… 149
　　第一节　话题知识库的设计、构建与应用 ……………………………………… 149
　　第二节　面向领域应用的语言资源建设及发展趋势 …………………………… 153
　　小结 ……………………………………………………………………………… 161
　　参考文献 ………………………………………………………………………… 161

附录1 《国际汉语教学通用课程大纲》汉语教学话题及内容建议表
（2014年修订版）···162

附录2 教材话题分类与统计信息表·····································164

附录3 话题高频词表···173

附录4 汉语国际教育及教材编写可利用的主要语言资源汇总···············188

后记···193

第一章 引　　论

自上世纪 80 年代以来，在外语教学语言能力评估上，学习者能否就熟悉或不熟悉的话题（Topic）有效表达自我，与他人顺畅交流沟通，逐渐成为语言能力评估的核心内容。在汉语作为第二种语言教材的设计与组织上，编者不仅根据词语及语法结构的系统性对材料进行编排和取舍，语言材料的情景适应性、文化内涵丰富性、与学习者话题兴趣的相关性等也成为其重点考量的因素。总体上看，话题设计为语境或情境信息的呈现提供了框架，话题要素在教学大纲制定、教材内容组织、课堂教学活动设计以及学习者语言能力评价中具有越来越重要的价值。

这种变化缘于外语教学领域的多个转向，涉及培养目标、语言观、学习观、教学法等六个方面：

第一，外语教学不再单纯强调工具性，转而主张工具性与人文性相结合。外语教学以对学习者的语言应用能力培养为核心目标，文化意识、情感态度和价值观培养等成为中心目标。

第二，语言交际能力培养而不是语言知识学习成为课堂教学组织、教学内容设计的核心关注点，语言交际能力包含语言能力、语用能力以及对社会文化理解能力。以往一些教材中存在剥离语境的语言形式，用于机械操练，这种倾向不再被强调。来源于真实语境、蕴含特定社会文化因素、适当而得体的语言形式，被认为适于促进学习者语言交际能力的发展。

第三，教学界从把语言视为一套需要学习和练习的形式（包括语法的、音位的或词语的形式）转向为把语言视为一种用于实现多种交际目的的功能系统。

第四，学习者被认为是积极的意义构建者和语言使用者，而不是词汇和信息的消极接受者。学习者在情景中学习语法，通过语言运用而非通过知识掌握语法。教学内容不仅仅是词汇、语法规则以及语义功能的集合，还要与学生认知发展及思维发展的水平相结合，有意义的社会和文化情景对于外语学习至关重要。

第五，当前影响最广泛的外语教学法，如功能导向教学法（Communication Based Instruction）、交际任务导向教学法（Task Based Instruction）、内容导向教学法（Content Based Instruction）等，其理论基础和核心观点各有不同，但大致都主张教学材料要设计和挖掘丰富有趣、内容广泛的话题，通过不同情景下实用的语言表达激发学习者的交际动机和学习兴趣，实现语言应用能力培养目标。

第六，世界多元文化交融并存，外语与文化学习成为人们的终身追求。通过外语学习深入了解多元文化特质，反思自身的语言及文化，善于与世界沟通和交流，成为新世纪人类自我发展的内在需求。话题设计与处理蕴含了语言与文化多重互动关系，外语教学材料中话题要素的重要程度，反映了外语教学理念的时代变化。

本书面向国际汉语教材研发，讨论话题的设计与处理问题，内容涵盖话题功能及类型、话题选点，以及如何协调话题要素和其他教学要素的关系，形成适当的语境框架，服务于有效的课堂交际及表达训练等问题。

本书不针对特定课型教材，是就综合性教材来分析的。在这类教材中，课文主要不是为单一的言语技能训练（如阅读理解）提供范文，而是为听、说、读、写综合语言应用能力培养提供表达范例，为一课书的主要交际话题与讨论题提供统一的语境框架。

术语使用方面，随着国家汉语国际传播战略的提出，2006年以后，"国际汉语教学"逐渐取代"对外汉语教学"成为该领域通用术语，但"对外汉语教学"概念在教学与科研中仍被广泛使用。和对外汉语教学有关的另一术语是"汉语作为第二种语言教学"，有人将"汉语作为第二种语言教学"与"对外汉语教学"视为同义，有人认为二者不能混用，因为这个概念涉及两部分不适应人群，一是境内一些少数民族，将汉语作为第二种语言学习，他们不是外国人；二是海外华校教学，既不是一语教学，也不完全是第二种语言教学，英语用 Heritage Learner 描述这样的人群。本书讨论国际汉语教材编写，教材使用对象是将汉语作为第二种语言学习的外国人，这些人可能是华侨子女，但是没有接受过近似于汉语作为母语的教育。本书谈及的汉语作为第二种语言教学是指对外国人的汉语教学。

第一节　什么是话题

话题（Topic）是一个常见概念，内涵丰富，在语言生活中无所不在。《现代汉语词典》对话题的解释是"谈话的中心"。谈话中心可以是互动过程中即刻发生的，也可以是约定的。比如，有"说着说着跑题了……"这类说法，表明人们交谈过程中，由于没有一贯规则或谈话重点的约束，谈话焦点不断发生变化，此时的话题是即时交谈（Conversation）的中心内容。但如果"就某个话题展开辩论"，此时的话题是指谈话的主题，也就是事先规定好的、意念上的谈话框架。

在语言学研究中，话题有多种分析视角，比如，功能语法（Functional Grammar）的"话题—述题"框架（Topic-Comment Framework）可供从语言信息传播角度来分析话题的功能。从这一框架出发，句子的话题有时和主语一致，有时不一致，人们交谈时往往从各方都熟悉的某个话题开始，然后各自表述自己所知道的有关这个话题的新情况，或者说话题是共知信息，而述题是未知信息，共知信息是话语交际的前提和条件，未知信息表明话语交际的可能性和必要性，两者相互作用，推动了话语发展。话题转换反映了信息的前后关联与衔接。在话语分析（Discourse Analysis）研究中，话题可以视为对一个语义单位中心内容的概括。这个语义单位在形式上可大可小，可长可短，可以是语句话题、语段话题，也可以是语篇话题。

主题概念和话题概念有关，在《现代汉语词典》中主题解释为"文艺作品的中心思想"。在外语教学及教材中，主题概念的使用并不少见，比如单元主题、教学主题等，这些概念指向意念上的文化分类框架及言谈范围。在本书中，话题概念涵盖了主题概念，无论是意念上的框架，还是文本的语义中心，只要指向言语交谈的特定语境框架，相关问题都是话题设计与处理的讨论对象。话题存在类别、范围、来源方面的差异。比如单元主题（也就是单元话题）反映编者的文化意念框架，而一课书的交际话题是对语篇文本内容的概括，单元主题/话题的范围通常大于语篇交际话题。

在外语教学中，话题是教师与学生之间、学生与学生之间进行思想交流、情感沟通、观点阐述、议论评判的核心，是实现有效交流沟通的重要前提。话题设定的交际情境把交际双方紧紧地联系在一起。从外语教材研发来看，话题是贯联教学材料组织、训练学习者综合语言表达、培养交际策略与文化意识的关键要素。

本书讨论了话题的多种分类，包括服务于教材编写的话题分类以及话题的功能类型分类。从综合性教材的整体设计出发，话题可以分为来源于主干文本内容的交际话题和超文本话题。

来源于教材主干文本内容的交际话题，是对一定语义单位中心思想的概括，规定了课堂言语交际和话题表达的主要范围。

超文本话题包括教材的框架主题、单元主题和引导性话题。框架主题、单元主题提供教材话题的总框架，引导性话题提供引发课堂言语交际的拓展性话题。

五个小类分别是：

框架主题：关于世界文化知识的意念性框架；

单元主题：也叫单元话题，关于具体文化领域的意念性框架；

会话体中的交际话题：会话类材料的语义中心，包括单话轮话题、多话轮话题；

叙述体中的交际话题：叙述性材料的语义中心，包括语句话题、段落话题、语篇话题；

引导性话题：围绕教材主要交际话题设计的讨论题，包括单元或课文导入题、课文思考题、课后讨论题等。

以上分类提供了一种教材话题设计框架，体现了对语言层级和交谈范围的多重关注，适用于教材总体设计，是教材话题的设计分类。本书第二章从功能的角度，对话题作进一步分类阐述，话题的功能分类与设计分类不同。

在上述话题体系中，从交谈范围来看，最上一层范围十分宽泛，反映一定文化意念下的世界知识框架，比如日常生活、社会生活等。在本书中，框架主题就是文化主题。单元主题范围略小，可将多个教学单位的教学材料（多课书）贯穿起来，如家庭与社区、体育运动等。来源于教材主干文本内容的交际话题限定了教学交际言谈的表达范围和表达重点，反映编者关注的语言文化信息，关联重点词汇、交际功能项目或语言点。

在教材话题设计上，通常先设定文化意念上的框架，接下来是单元主题，然后考虑交际话题以及拓展性话题。一般以一课书为基本单位，一课书可能包含一篇或多篇课文,这些课文为课堂言语交际提供主要的交际话题以及子话题。教材的主要交际话题主导课堂言语交际的范围,激发学习者的情感和表达欲望。而讨论题(引导性话题)和主要交际话题密切相关,对课堂言语交际与话题讨论起到引导、预热、拓展、深化的作用。

国际汉语教材话题设计与处理是在教材采用的文本内容、文本形式与预期实现的学习者语言表达目标之间进行综合统筹,兼顾语言输入与语言表达输出,从而提升教材使用价值的一系列过程以及手段的总和。

在教学法的结构主义语言学导向时期,教学材料组织往往和话题设计无关,教材关心如何简洁、系统、科学地编排句法结构。比如,用经济原则呈现汉语"是"字句,经典的课文内容如"这是书,那是包。"但这并不是关于"书"或"包"的交际话题,因为相关文本不在意潜在的听者,无关交际过程,目的只是把句子结构呈现出来。而在交际与任务教学法主导时期,话题表达是学习者语言能力成长的关键环节,教材话题是有交流意图、有预设听者或读者的语义单位的中心内容,话题框架成为教学材料组织及教学活动设计的重要依据。话题的重要性从最近的课程大纲中可见一斑。《国际汉语教学通用课程大纲》(简称《大纲》)(2008)首次将"话题"列入课程教学目标之中,将其视为核心的语言知识类,与语音、字词、语法、功能、语篇并列,不同学习水平等级均列有不同的话题表达目标。而在与其他教学目标的关联上,如言语技能方面,话题目标与听、说、读、写有关联;策略目标方面,话题目标与交际策略密切相关;文化意识目标方面,话题目标与文化知识、文化理解、跨文化意识、国际视野目标有关联。《大纲》(2008)列出一个包含22个大类的话题建议表,本书在第二章有进一步论述。

第二节　话题与教学中文化要素的关系

要深入研究话题处理,需要梳理外语教学中对语言和文化的关系。从第二种语言教学法传统来看,自18世纪末延续下来的语法翻译法,以语言系统知识为教学组织的核心,教学材料注重语法知识系统呈现,内容往往枯燥乏味或深奥难懂,交际功能与交际文化不受重视,教材无须考虑话题处理。

第二次世界大战前后,美国等国家移民社区涌现,军队外语人才培养需求增大，成为第二种语言教学听说法盛行的社会背景。从听说法的主张来看，言语交际能力进入外语教学核心培养目标。听说法以句型的抽取、对比及反复操练为中心，语言能力培养上强调"听说领先、读写跟上"，交际文化因素在语言教学中的重要性上升。不过，听说法始终以结构主义语言学及行为主义心理学为理论支撑，教材组织以学习者第二种语言习惯的养成为重点，教学材料的人文内涵不被看重，尽管话题影响了言语交际的范围，话题设计对于教学以及教材组织的意义仍十分有限。

上世纪70年代至今，功能法与交际法、任务教学法螺旋式演进，引领了教学法的时代潮流。原因可以从两个方面来看，一方面，第二种语言教学受到社会及功能语言学、人本主义心理学以及建构主义心理学的巨大影响，教学法上形成了一系列新主张，包括以学习者为中心而不是以教师为中心，鼓励学生创造性地使用语言，强调课堂教学活动之间的关联性，强调学习活动以表达意义为主，注重学习活动和学习材料的真实性等。另一方面，世界范围内，伴随全球化的到来，人员流动加快，人们用外语进行交流沟通的范围扩大，语言应用能力培养的重要性进一步增强，对交际能力、跨文化能力培养提出了更高的要求，文化目标成为语言能力培养的核心目标之一。话题设计与处理涵盖交际任务创设、综合言语技能训练框架构建、教学材料中语言与文化有机结合等多个问题，这些问题无不与学习者为中心、有意义的教学等主张相关。

进入21世纪，美国外语教学《21世纪外语学习标准》(*Standards for Foreign Languages: Learning in the 21st Century*)产生了广泛的影响力，其标准以5个"C"为框架进行表述，涉及交流沟通(Communication)、文化(Cultures)、贯连(Connections)、比较(Comparisons)和社区(Communities)五个方面，通过5"C"标准的应用推广，文化因素在外语教学中的重要性进一步提升。其中，交流沟通标准提出外语教学以语言应用能力培养为核心内容，描述了可供操作的语言交际范式和框架。贯连标准通过与其他学科内容的呼应，将外语教学和整个学校教育有机结合起来。文化、比较和社区三个标准提出要培养学生的多元文化意识，学生通过对外语及其文化的了解、比较和分析，理解不同文化。5"C"总体目标可以概括为：外语教学不仅培养学生的外语应用能力，帮助学生跨越言语交际障碍，也要促进学生认识和比较不同文化的差异和共同之处，发展语言文化批判性思辨能力，促成终生学习的意愿。

在汉语作为第二种语言教学领域，上世纪80年代起就有语言及文化关系的探讨，研究者尝试对交际文化进行界定和分类，但很难达成共识。张英（2006、2010）将教学中的文化要素分为语言层面的文化因素和独立的交际文化知识两类，前者存在于语音、语法、语义、语用等层面，后者存在于社会交际规约、跨文化交流沟通中。

我们认为，话题处理既涉及语言层面的文化因素，也涉及独立的文化知识。比如，从文化知识出发，汉语汉字特点、中外语言文字差异等话题往往是学习者感兴趣的。从语言层面出发，语音、词汇、文字中的文化现象，也可以作为教材的话题选点。教材不仅可以选取和跨文化交际相关的语言内容，而且可以涵盖日常生活、社会生活、天文地理、科技百科等广泛的文化内容。

第三节 教学及教材的话题研究

从上世纪 80 年代末起，一些学者开始关注汉语作为第二种语言教学中的话题研究，主要涉及话题分类、学习者热点话题、话题学习顺序等问题。这些研究通常面向教材编写或教学中的话题的选择与处理。

话题分类是话题研究的核心问题之一，研究者大多以话题反映的人类生活、中外文化为依据进行分类研究。李泉等（1996）将话题分为伦理道德、男女平等、环境污染、贫富差距等一般话题，以及国际局势等国际社会普遍关心话题。周小兵等（1999）将话题分为社会生活、人生家庭、婚姻爱情、人际交往、民族风情、文化教育、自然科学、环境保护等类别。汲传波（2005）将话题分为中国社会文化、个人信息、语言、本国、中外差异、世界性话题等六大类。《国际汉语教学通用课程大纲》提出了教学话题建议表，将话题分为 22 个大类，包括个人信息、情感态度、社会交往等。苏新春等（2011）构建了一套包含五个大类 52 个小类的话题分析模块，大类话题包括个人信息、生活、人际交往、学习与工作以及社会话题。值得一提的是，张颖（2011）根据亚历山大的"语言教学法十讲"将话题分为功能型、叙述型和观点型，这是唯一根据话题功能所做的分类。

以上分类显示了不同研究者对话题层级层次、交叉关系的不同理解。这些研究基本不涉及对话题分类原则、分类目的以及话题功能等问题的探讨，因此，话题分类研究有进一步深入的空间。

学习者话题兴趣点与敏感性是话题研究的热点问题。汲传波（2005）对学习者话题兴趣进行了探讨。杨丽姣（2006）探讨了美国高中生话题兴趣调研结果及教材话题设计策略。李欣蓓（2014）分析了学习者的需求与教材话题之间存在不匹配现象的原因，认为这是由编者在话题选择上所持的文化单项输出和对文化包容尊重的缺失等文化态度引起的。余千华（2012）考察了130名来华外籍教师和留学生日常谈话话题，获得了学习者话题兴趣的特征分布，并讨论了学习者话题兴趣分布与对外汉语主流教材课文话题的匹配情况。亓华（2013）讨论汉语国际教育敏感话题及教学上的相应策略。

也有不少研究者关注教材和学习者话题兴趣之间的距离（郑家平，2014；余千华等，2012），还有的讨论教材或教学活动中话题选择顺序，如王小曼（2005）提出了中高级教学话题选择的顺序问题。以上研究对本书的讨论有较好的参考价值。

综合来看，话题已经成为教学大纲制定、教材编写以及教学评价需要考虑的重要因素。然而，话题的系统性研究不够充分，对有关话题、意图和语言关系的理论、评价以及观察研究方法仍然缺乏（柯佩琦，2008），话题功能界定及分类，话题布局与分类的多维视野，话题与言语要素的关系，话题中跨文化因素的处理等问题需要进一步梳理。由于语料库资源建设滞后，缺乏大规模统计数据作为支撑，定量分析不够充分。

需要指出的是，教学的话题处理和教材的话题处理是两个既有联系又有区别的问题。

教学中的话题处理，指教师发挥主观能动性，确定并拓展课堂主要交际话题，提升学习者语言表达能力的教学行为。有时，教材提供的语言材料与文本内容或存在种种局限，趣味性不足，经验丰富的教师仍可以利用教材话题并超越教材文本，从真实语言生活中获取多样性语言资源，创设情景，实现有效的话题训练及课堂言语交际互动。

教材的话题设计与处理，涵盖整体布局设计、单元主题与交际话题设计，和教学过程相关的讨论题设计等问题，以及学习者话题兴趣点、重点词语、文化元素、语言点等诸多要素。

本书的研究主要面向教材研发需求。由于教材在教学活动中具有主导地位，既提供典范的言语材料，又设定课堂言语交际的交谈范围，因此，我们在论述教材话题处理时，也常常牵涉教学中的话题交际问题。

第四节　教材中的话题处理

在国际汉语教材研发历程上，不同时期的教材编者对话题要素的理解及处理方式不尽相同。

《汉语教科书》（邓懿等，1958）是新中国第一部正式出版的国际汉语教材，其中涉及大量中国文学选文，如诗歌《有的人》、散文《我的伯父鲁迅先生》、小说《田寡妇看瓜》、剧本《西门豹》和政论文《纪念白求恩》等。教材文本主要服务于语音、词汇、语法结构的系统讲授。

《基础汉语课本》（李培元等，1980）是20世纪80年代影响最为广泛的国际汉语教材。其特点是通过反复的句型操练使学生掌握语言技能。编者致力于呈现经典的句型，设计练习帮助学习者输出同类型的句子。话题处理不是这类教材编写关心的问题。

20世纪80年代以后，受交际与功能教学法影响，交际情景及交际功能项目的体现在教材设计中十分重要。

研究者认为，编排教学内容，围绕句型或语法点组织语言材料时，要考虑学生的交际需要，并根据该句型或语言点的实际交际功能，有选择、有计划地呈现出相关功能项目。还有一些经典教材尝试语言结构、功能、句型的结合。比如《实用汉语课本》（刘珣等，1981）。教材中有两个经典的教材人物，留学生帕兰卡和古波，他们在自己国家的生活，来中国学习汉语，跟中国朋友交往等情节，成为教材话题与语言情境的主要来源。《说什么和怎么说》（邱质朴，1990）主张交际与功能教学法，强调语言表达的"得体性"，而不仅仅是语言结构的"准确性"，该教材话题在同一时期比较有特色。

20世纪80年代至90年代初的国际汉语教材重视交际情景梳理，展现了社会生活中多种多样的交际话题，然而，教材的情景对话及句子表达需要经过功能、结构、语法的多重过滤，话题处理尚未进入教材研发的中心环节。

90年代以后，话题要素在教材设计上的分量变得重要起来。教材话题涉及面广，包括学校生活、个人信息、恋爱、婚姻、家庭、妇女、教育、犯罪、环境保护、老龄化社会、最新科技等话题进入了课文中。这些话题往往是年轻人关心的、想要表达看法的，也因此更能引发学生学习兴趣以及交流互动。

《中国家常》（杨贺松，1991）为当时的中高级教材编写开创了一条新路。该书选取了外国学生最感兴趣的20个家常话题，从烦恼的大龄姑娘到被当作小皇帝供养的独生子女，从出租汽车司机到安徽小保姆，从自行车王国到家用电器热，几乎涉及中国当代社会生活的各个方面。这本教材受到了师生的欢迎，外国学生乐意参与对这些问题的讨论并发表自己的看法。

《汉语普通话教程》（程相文，1996）根据港澳学生生活、交际、工作的特点以及他们渴望了解祖国历史、文化和现实的需要，制定了话题大纲，设计了包括衣食住行、学习娱乐、运动休闲、交际交往、参观游览、求职就医、音乐艺术、文化商贸等20个总话题和80个分话题，涵盖了学生想要表达和需要表达的各项生活内容，在同一时期教材的话题设计上独树一帜。

《速成汉语初级教程》（郭志良、杨惠元，1996）是以话题为中心组织编写的教材。该教程将话题按实用程度分为三档：第一档是最常用的，有关日常生活、学习、社交活动的话题，占63.8%；第二档是常用的、有关民族传统、观念的话题，占25%；第三档是次常用的，有关中国国情的话题，占11.2%。课文以介绍当代文化为主，涉及具体文化内容的课文占45%，其中，介绍国情文化和习俗文化的占16.2%，介绍文化观念的占12.5%。该教程基本做到了话题典型实用、情节真实有趣、语言生动活泼，给学生留有思考想象的余地，因而受到学生的欢迎。

《中文听说读写》（姚道中等，1997），以第2册为例，从有关大学新生生存体验的话题开始，如开学注册、宿舍条件、餐饮购物等，逐步扩大范围，谈大学生活的各个方面，包括专业选择、房屋出租、电影电视、邮局寄信等。再往下的话题更多地涉及文化和跨文化交际内容，比如中国节日、体育运动、家庭、男女平等、健康与保险、枪支与犯罪等。最后是普适性话题，如动物与人、环境保护等。这本教材的话题设计充分考虑学生的认知心理，具体选点实用又有趣，激发了学生的表达欲望，便于展开交际训练。

《实用汉语课本》（刘珣等，1981）影响广泛，在语言结构系统性编排方面成为国际汉语教材的经典，《新实用汉语课本》（刘珣等，2002）在《实用汉语课本》实践基础上提出"语言—文化—功能"三结合原则，对教材话题内容趣味性、文化内涵多元性的探索以及交际任务的设计成为"新实用"教材的特色。

除了上述几部教材外，还有一些教材的话题处理比较突出，教材富于思辨性、趣味性、时尚性，如《桥梁——实用汉语中级教程（上、下）》（陈灼，1996）、《汉语口语教程》（陈光磊，2000）、《当代中文》（吴中伟，2004）、《博雅汉语》（李晓琪，2005）、《发展汉语》（中国人民大学对外语言文化学院，2007）、《中文天地》（吴素美等，2006）、普林斯顿大学汉语系列教材（《新的中国》《事事关心》《文学与社会》《现代汉语高级读本·中国知识分子的自省》等）、《时尚汉语》（刘德联等，2006）、《汉语口语教程》（初、中、高）（杨寄洲，2007）以及《话题汉语》（吕玉兰等，2007）等。

第五节　话题设计探索与实践

一、《加油！Chinese for the Global Community》的话题设计

美国大学理事会于 2007 年首次开设 AP 考试体系中文考试（The AP Chinese Language and Culture Exam，中国语言及文化考试，简称 AP 中文考试）。AP 课程（Advanced Placement Course）则是以通过 AP 考试为目标的课程体系。一方面，学生一旦通过 AP 考试，在大学可能获得免修相关课程的资格。另一方面，大学在录取新生时也乐意将学生的 AP 成绩纳入综合指标加以考虑。相关研究表明，AP 课程选修及考试成绩与学生大学阶段的学业表现呈正相关。在 AP 中文考试开设之前，美国大学理事会已经有 34 门涉及不同学科门类的 AP 考试。AP 中文考试是美国中文教育纳入主流教育课程系统及评估框架的标志，对海外中文教学质量的提升和专业化发展产生了重要的影响。

《加油！Chinese for the Global Community》（以下简称《加油》）是一套专为 AP 中文课程及考试设计的综合型教材。教材主编是许嘉璐先生。《加油》编写组汇聚了汉语言文字学、汉语国际教育、学生心理发展与教育等方面的专家和一线教师。该书于 2008 年由北京师范大学出版社及 Thomson Learning 联合出版。本书作者参与了《加油》教材的编写工作。

AP 中文考试属于语言运用能力综合水平测试。如果以课时量所达到的语言

能力作大致比较，AP中文考试达标大体相当于大学从零起点学习到完成250个学时后所达到的水平。为帮助学生通过AP中文考试，美国大学理事会发布了AP中文课程概要，以《美国21世纪外语学习标准》的5"C"为目标框架。其中，语言沟通是5"C"的基础和核心。沟通目标包括三类交际模式，涵盖语言输入与输出过程中听、说、读、写训练范式。以5"C"为内核的美国外语教学大纲不同于传统依据词汇、语法、功能项目制定大纲，而从人际交流沟通、学习策略、文化认知、语言运用能力等更为广泛的层面阐释了教学目标，拓展了语言教学的内容，加强了外语教学语言交际能力培养与育人目标之间的关联性。

美国大学理事会发布的AP中文课程概要提出，AP中文致力于学生对中国当代与历史文化的学习以及探究……学生应学习当代中国社会的各个方面，包括时事，地理以及人口，民族以及地区差异，旅行以及交通，气候以及天气，节日以及食物，运动以及游戏等。他们也要探索中国社会关系领域，探究家庭成员之间、老年人之间以及青年同龄人之间的各种人际关系，并且把这些知识融会到他们的人际交往过程中。

《加油》是一套以话题为纲编写的综合性国际汉语教材，AP中文课程概要的内容描述是《加油》话题设计的基础。AP中文课程概要的语言文化内容涉猎广泛，对于学习者语言技能水平有明确要求，但不提供语言点及词汇大纲。因此，《加油》的话题设计要对语言点、词汇、文化点进行综合考虑。

《加油》单元话题设计主要基于5"C"外语教育理念以及AP中文课程的内容描述，交际话题（课文语篇话题）设计参考学习者话题兴趣调研数据统计及分析结果，体现了多元文化视野下对中国现代生活及传统语言文化理解。其语言点和核心词汇难度与AP中文表达能力目标相匹配。

《加油》上下两册共十个单元，每单元包含两课书，每课书有一篇正课文与一篇副课文。正副课文话题与单元话题呼应，贴近学生认知及表达的兴趣点，以便引发讨论。在话题设计上，《加油》立足中国文化元素，注重多元文化比较，拓展学生国际视野，尝试将文化产物、文化习俗与文化观念结合起来寻找话题切入点。例如，"学校与家庭"单元谈论中国人的传统家庭伦理关系，并与跨国婚姻家庭中的新变化作对比。"体育与健身"单元将文化产物、文化习俗与文化观念贯连起来，通过少林功夫、姚明、乒乓运动等话题，体现中国人谦虚耐劳、勤奋向上的文化观念。

在话题来源上，《加油》重视真实语料运用。40篇主、副课文中，有10篇直接选自报纸、书籍、杂志及留学生的演讲比赛获奖文章，并基本保持原貌。另外的30篇是在原始材料基础上改编的。《加油》课文语体选择与话题处理的需要密切相关，教材课文语体包括采访、对话、活动启事、新闻、消息评论、读后感、广告、演讲文章、信件、申请表格、网络聊天记录、文学作品、日记、成语故事、歌曲等。

在话题范围上，《加油》注重反映学习者个人体验话题与反映社会文化内容话题的结合，覆盖了AP中文课程的内容大纲。《加油》话题设计善于从小处切入，比如"名人与历史"单元，"孔子"话题怎么处理？是谈仁、义、礼、智、信，谈《论语》，还是谈儒家文化？都不太合适。《加油》从孔子的教师身份入手设计内容，既易于学生理解，也容易引发学生兴趣。

《加油》研发过程中涉及的一系列问题，包括话题综合布局，话题切入点、敏感话题处理、话题转换衔接等，本书在后文多个章节中将进一步展开讨论。

二、《跟我学汉语》练习中的交际话题设计

《跟我学汉语》是一套以话题为纲、面向零起点至初中级阶段学生的经典国际汉语教材。本书作者参与了《跟我学汉语》（第二版）的修订工作。

《跟我学汉语》每册包含6个单元主题，每个单元主题包含3到6个主要交际话题，全书一共108个主要话题。话题设立的依据主要是编写者在北美中学9至12年级收集的学生话题兴趣点。《跟我学汉语》的单元主题涉及日常交际、衣食住行、学校生活、家庭生活、饮食健康、体育爱好、环境与社会、交通地理、多元文化、中国传统文化等丰富内容，而每课书的交际话题将目标词汇、交际任务、语言功能以及语言表达式有效组织起来。

《跟我学汉语》出版十年后，开展了教材第二版修订工作。第二版修订保留基本的单元主题及交际话题不变，但对练习中的话题做了适当调整。《跟我学汉语》（第二版）练习话题设计特色主要表现在三个方面：一是话题切入角度小而具体，易于让学生代入个人体验；二是注重话题的冲击力和时代感；三是注重话题的幽默感。

例如，《跟我学汉语》第4册第1单元的话题是"北京之行"，第1课包括两

篇课文分别是"北京欢迎你"和"北京话",第 1 课的交际任务是谈论对一个城市语言的印象,具体任务设定为人物见面的综合表达、见面时的介绍等。两篇课文一为对话体,一为叙述体,分别交待了见面打招呼、相互介绍的一般性表达以及北京话中独具特色的礼貌用语。为了拓展本课的交际任务以及交际话题,采用了关于北京话"爷"的文本内容:

老北京人常爱说"爷",这个"爷"并不是"爷爷"或"大爷"的意思,过去是对主人或地位高的人的尊称。现代北京话中"爷"的用法与过去的相比有不少变化,"某某爷"往往是对具有一定特点的人的戏称。比如,形容男人能说会道,就是"侃爷",发了财就是"款爷",骑平板三轮车的是"板儿爷",有的男人迷恋炒股,那就是"股爷"。这类词语很有特色,可以表达亲切、幽默,甚至是嘲讽的感情。

通过上述文本,引出多个交际话题,如,"在北京话中,'爷'是指老年人吗?""你们班有'侃爷'吗?为什么叫他'侃爷'?"。这些问题有助于引导学生理解一个城市的语言面貌。

又如,第 4 册第 5 单元的话题为"教育深造与求职",第 15 课谈论理想的职业。该课的交际任务是谈论对职业的选择,课文以论述的方式引入话题:

什么职业最理想?这个问题不容易回答。一般说来,人们在确认最理想职业时,会选择不同的标准,如:(1)为社会服务;(2)受人尊敬;(3)能赚钱;(4)充分实现个人价值;(5)很平凡但很稳定;(6)比较自由……在一些人的眼里,能赚钱的职业是最理想的职业,谁不喜欢有更多的钱呢?但是也有一些人不这么认为,像做生意这样的职业……

该课文在第二版修订时,补充了一个真实案例,以期引发学习者对职业选择多样性的思考及讨论。非营利性组织"美丽中国"和它的创始人潘勋卓(Andrea Pasinetti)成为话题设计不错的选择。"美丽中国"致力于在中国最贫困地区开展中小学教育,到目前为止,已有 1000 位教师参与过此项目,累计授课 100 万节,受益学生达 30 余万人。该项目为来自中美高校的志愿者大学生提供了非凡的实践舞台。另外,"美丽中国"创始人意大利裔美国人潘勋卓本身也是一个话题人物，他家境优越，毕业于世界一流名校，汉语水平卓越，他开创的公益项目吸引了大批有志于中外教育及文化交流的青年学者。以下是练习中提供的文本：

  2007年，他从普林斯顿大学（Princeton University）来到北京，在北京学习期间，他发现周围来自农村的学生很少，决定亲自到中国农村去看看。
  潘勋卓选择了云南临沧双江县的一所小学。在那儿，他发现孩子们很聪明，但是由于当地条件苦，地方偏，好老师找不到，孩子们最需要的就是好老师。这种情况深深地触动了潘勋卓。后来，潘勋卓创办了NGO——"美丽中国"，每年都招募中国或美国一流大学的毕业生去教育落后的地区开展教学……

  学生可讨论的话题有"潘勋卓为什么创办'美丽中国'项目？""怎么看待大学生创业？"等。学生也可以在课后继续探索相关主题，"美丽中国"是一个有生命力的公益组织，有许多故事和话题可以挖掘和分享。

小结

  本章界定了话题概念，探讨话题与教学文化因素的关系，从相关研究与教材研发实践两个方面梳理了国际汉语教材话题设计与处理方式的变化，分析了话题处理在国际汉语教材内容组织、课堂言语交际活动设计以及学习者语言能力培养方面的重要价值。

参考文献

1. Halliday, M.A.K. *System and Function in Language：Selected Papers*［J］.1976.
2. 北京语言学院编.基础汉语课本［M］.北京：外文出版社，1980.
3. 陈光磊.汉语口语教程［M］.北京：北京语言大学出版社，2000.
4. 陈灼.桥梁—实用汉语中级教程（上、下）［M］.北京：北京语言大学出版社，1996.
5. 程相文.论《汉语普通话教程》的总体设计［J］.语言教学与研究，1996（3）.

6. 郭志良，杨惠元. 速成汉语初级教程［M］. 北京：北京语言大学出版社，1996.

7. 汲传波. 对外汉语口语教材的话题选择［J］. 云南师范大学学报，2005（6）.

8. 柯佩琦. 以《中国话》为例谈编写汉语教材的基本原则［A］. 第九届国际汉语教学研讨会论文选［C］. 2008.

9. 国家汉语国际推广领导小组办公室编. 国际汉语教学通用课程大纲［M］. 北京：外语教学与研究出版社，2008.

10. 李培元，赵淑华，刘山，邵佩珍，来思平. 编写《基础汉语课本》的若干问题［J］. 语言教学与研究，1980（4）.

11. 李泉等.《新编汉语教程》的设计、实施及特点［J］. 语言教学与研究，1996（2）.

12. 李晓琪. 博雅汉语［M］. 北京：北京大学出版社，2005.

13. 李欣蓓. 从对外汉语教材话题的选择看编写者文化态度——基于三部对外汉语教材话题的分析［J］. 云南师范大学学报（对外汉语教学与研究版），2014（5）.

14. 刘德联. 时尚汉语［M］. 北京：世界图书出版公司，2006.

15. 刘珣主编. 实用汉语课本［M］. 北京：商务印书馆出版社，1981.

16. 刘珣主编. 新实用汉语课本［M］. 北京：北京语言大学出版社，2002.

17. 吕玉兰. 话题汉语［M］. 北京：外语教学与研究出版社，2007.

18. 亓华. 论汉语国际教学中的"敏感话题"及其应对策略［J］. 北京师范大学学报（社会科学版），2013（2）.

19. 邱质朴. 说什么和怎么说［M］. 江苏人民出版社，1990.

20. 苏新春，唐师瑶，周娟，王玉刚. 话题分析模块及七套海外汉语教材的话题分析［J］. 江西科技师范学院学报，2011（6）.

21. 王小曼. 论汉语本科专业高级口语教材的编写原则——从口语教学实际谈起［J］. 云南师范大学学报，2005（5）.

22. 吴素美，于月明，张燕辉，田维忠. 中文天地［M］. 美国：普林蒂斯·豪尔出版社，2006.

23. 吴中伟. 当代中文［M］. 北京：华语教学出版社，2004.

24. 杨贺松. 中国家常［M］. 北京：北京大学出版社，1991.

25. 杨寄洲. 汉语口语教程（初、中、高）［M］. 北京：北京大学出版社，2007.

26. 杨丽姣. 面向美国中学生汉语学习的问卷调查分析与思考［J］. 语言文字应用，2006（S1）.

27. Tao-chung Yao,Yuehua Liu. *Integrated Chinese*[M].Boston: Cheng &Tsui Company,1997,2014.

28. 余千华，樊葳葳，陈琴. 汉语学习者话题兴趣及其与对外汉语教材话题匹配情况调查研究［J］. 语言教学与研究，2012（1）.

29. 张英. 对外汉语文化教学的基点与视角［A］. 第十届国际汉语教学研讨会论文选［C］, 2010.

30. 张颖. 对外汉语初级口语教材课文话题分析［D］. 复旦大学, 2011.

31. 郑家平. 汉语学习者对话题兴趣度和重要性认知的调查研究［J］. 云南师范大学学报（对外汉语教学与研究版）, 2014（6）.

32. 周小兵, 赵新. 中级汉语精读教材的现状与新型教材的编写［J］. 汉语学习, 1999（1）.

33. 朱德熙, 张荪芬. 汉语教科书［Z］. 保加利亚科学艺术出版社, 1954.

34. 张英. 对外汉语文化因素与文化知识教学研究［J］. 汉语学习, 2006（6）.

35. 许嘉璐主编. 加油！Chinese for the Global Community[M].Thomson Learning, 北京师范大学出版集团联合出版, 2008.

36. 陈绂等主编. 跟我学汉语（第二版）[M]. 北京：人民教育出版社, 2014.

第二章　话题的功能与类型

教材编写涉及对多个要素的统筹协调。上世纪90年代以前的经典教材，如《汉语教科书》（邓懿等，1958）、《基础汉语课本》（李培元，1980）、《实用汉语课本》（刘珣等，1981）、《初级汉语课本》（鲁健骥等，1986）等，在处理和编排上有许多共同特点，如主要以语言结构为纲进行编写，整体编排上注重层层铺垫，以旧带新，注重难度螺旋式上升，许多处理非常科学，但这些教材普遍的缺点是话题的趣味性、代入感、时代性不强，话题处理也并未成为教材研发看重的因素。

如果以话题为主要线索进行教材设计，势必要对教材设计的综合要素进行重新定位与组合。实际上，2000年以后的国际汉语教材中，以话题为纲者大量出现，如《跟我学汉语》（陈绂、朱志平等，2006）、《加油》（许嘉璐等，2008）、《快乐汉语》（李晓琪等，2009）、《当代中文》（吴中伟等，2010）等。

本章关注的问题是：在教学中，话题的基本功能是什么？话题有哪些类型？不同类型话题在语言表达训练方面的作用是什么？通过这些问题的探讨，有助于了解国际汉语教材研发思路的变化，以及相关教学法的变革。

原则上，关于教材话题的讨论应该涵盖来源于文本的交际话题和超文本的交际话题两大类别。本书研究主要针对教材的文本性交际话题，超文本性交际话题仅在讨论教材设计框架以及话题复现时有所涉及。其他许多问题，如单元导入以及讨论题的功能与基本特性等，需要结合课堂言语交际互动进行观察，才能有更深入的了解。

第一节　话题的基本功能

李泉（2006）认为，教材课文话题不但决定常用词语的选择取向，而且影响语法结构、功能项目及文化项目的融入。这与我们对话题功能的观察是一致的。如果再进一步讨论话题的功能，需要考虑以下两个视角。

一是将话题与其他教材要素关联起来研究。外语教材是语言形式及意义内容的矛盾结合体，教材的诸多处理要素，如文化点、话题、功能项目、词汇、语言点等，是这个矛盾体内部既对立又统一的构成元素，可用坐标图表示为：

语言内容 ←————————————————————→ 语言形式

　　　　文化点　　话题　　功能项目　　词汇　　语言点

教材编写不能只简单地凸显话题要素，脱离语言结构强调意义或趣味性，过于偏重语言形式或过于偏重意义都很难获得理想的教学材料。

二是将话题的作用置于主流外语教学法背景下考察。20世纪外语教学法从早期流行的翻译法、中期的听说法到近期的功能法、交际法，各种流派交相繁荣。上世纪90年代，外语教学法研究已经演进到后方法时代（Brown,1997；Kumaravadivelu, 2001）。"后方法"简单说就是法无定法，教法需因人、因地、因时而调整。对外汉语教学既受世界主流外语教学法的影响，又有自身的发展规律。从上世纪80年代交际任务教学法兴起后相当一段时间，美国汉语教学界曾经有以交际任务为导向（Task Based）还是以语言结构为导向（Construction Based）的教学法争论。以交际任务为导向主张从学生的学习兴趣、生活经验及认知水平出发，重视体验、实践、协作，使学习过程成为学生积极主动参与交流沟通的过程。以语言结构为导向强调汉语不论是书写系统、词汇系统还是语法结构系统都有自身的特点，不能只讲功能而偏废结构，句型操练不能完全取消，不能降低对学生语言流利性、准确性的要求。这些争论某种程度上谈不上分歧，不少乐于采用交际任务法的教师面对的是中小学学生，而重视语言结构训练的教师，其教学对象往往是成人学生。不同学习者对不同教法的适应性有差异。这些争论及各自的实践促进了汉语教育质量的提升，使教师以务实的态度，综合各家所长，根据教学对象调整教法。综合起来，在对外汉语教学领域，尽管教无定法，但广受重视的教学原则包括：（1）培养学生语言综合运用能力；（2）"用"中学；（3）结构、功能、文化相结合；（4）培养学生的人文情感及认知策略。

无论涉及教学活动还是教材研发，话题功能的讨论均以上述原则作为框架，我们认为，话题基本功能包括：（1）语境框架功能；（2）文化认知功能；（3）词语关联功能；（4）情感带入功能。

一、语境框架功能

就教材资源而言，话题的首要功能是为形式多样的教学材料构建特定的语境框架，为学习者语言交际能力的训练提供有意义的言说范围。

语境框架有三层含义：

第一层含义指话语交际的内容范围。大至天文地理、科技发展、文学艺术，小至日常生活、个人情感、人际关系，教材中的语言资源可触及真实世界生活的方方面面，不同话题确定了交流沟通的言谈框架。

第二层含义指话语交际的情景场合，既包括话语交际时的物理环境，如机场、饭店，也包括话语交际的人际环境，如师生之间的谈话共同构建的情景场合。特定情景场合必然对交谈话题的开始、延续及结束产生影响。

第三层含义是从言语技能综合训练的角度来看，同一个话题可将内容上大致关联，但是应用目的不同的材料，如听力材料、阅读材料以及写作材料有机融合起来，以便开展听、说、读、写多通道综合语言训练。教材设计利用话题的语境框架，丰富语言信息输入的形式，可实现不同训练材料中词汇、表达式的有机复现和关联，而内容上保持新鲜度，从而提升综合语言训练的效果。

在话题层次上，单元话题与交际话题的配合是语境框架功能实现的重要途径。以《加油》为例，单元话题与交际话题搭建了不同范围的语境框架，为教学过程中的交际互动提供了丰富的语境信息，如下表所示。

表 2-1 《加油》的单元主题及交际话题

单元主题	主要交际话题	辅助交际话题
体育与健身	少林功夫	你喜欢姚明吗
	你喜欢什么运动？	乒乓球俱乐部
饮食与服装	北京的茶馆	您二位来点儿什么
	伴娘的服装	我看中性服装

续表

单元主题	主要交际话题	辅助交际话题
学校与家庭	我爱学中文	北京笔友的来信
	儿子眼中的父亲	跨国婚姻家庭中的孩子
节日与风俗	过年	七夕节的传说
	中秋节	端午节包粽子
旅游与交通	我要去中国旅游	中国不是博物馆
	我登上了长城	三千年，十万里
人类与自然	海啸来临时	熊猫虎子
	我们明天住在哪儿？	我眼中的青藏铁路
民族与社会	"远方的客人请你留下来"	"姑娘追"
	搬家手记	老年人的烦恼——电影《推手》观后感
语言与文字	汉字与动物	汉字的故事
	"福到了"	学汉语的趣事
名人与历史	孔子是谁？	参观中山陵
	我知道的中国历史和文化	丝绸之路
文学与艺术	草船借箭	人面桃花
	中国剪纸	小提琴协奏曲《梁祝》

二、文化认知功能

教材文本中，常常出现人们就文化现象进行交流所形成的系列话题。教材注重文化内涵，可促进学习者的语言文化认知水平。话题的认知功能通过兼容文化要素实现。

在结构主义语言学及行为主义心理学导向盛行时期，以知识观为指导编写的教材提供完善的语法体系阐释，课文往往作为语言结构的样板，练习设计服务于句型结构操练。自上世纪 80 年代起，人们普遍认识到语言学习过程不仅是掌握符号系统和结构规则，更是语言应用能力的养成过程。语言与文化是不可分的，教材内容就是学生目的语语言学习及文化认知的刺激物。影响广泛的美国《21世纪外语学习标准》阐述了外语学习与文化认知的关系，标准中值得注意的观点包括：（1）语言学习是文化理解的桥梁，对目的语文学作品中反讽、幽默等文学手法的理解与目的语学习是不可分的；（2）学习另外一种语言文化可以极大地增强个人发现联系的能力。外语课程的内容涉及历史、地理、社会科学等，学生在获得跨文化理解的同时就容易形成跨学科的视角；（3）在外语学习中培养起来的语言文化的洞察力与沟通力是每一个世界公民所必须具有的能力。

在教材中，选取哪些文化元素融入话题要从多个维度进行考虑。教学大纲制定者、教材编者以及学习者对于文化要素的关注度可能不一致。比如，春节文化是一个蕴含丰富的话题资源库，可供话题设计的文化点既有传统民俗，如挂灯笼、贴对联、贴门神、扫庭院等，也有新民俗，如春运、乘高铁、出国游、看春晚等。纷繁复杂的话题如何处理？如何在教材中表现最有认知价值的文化点或文化符号？一般而言，新旧组合，兼顾稳定性及时代感的话题设计比较理想。包饺子、放鞭炮等春节保留节目，蕴含中国人求团圆、爱热闹等文化心理，多多少少可以提及；春运及高铁，让人联想到中国人返乡的艰辛和执着，家族团圆的文化传承，技术进步及交通方式变迁；春节出国游反映中国人生活方式变迁等文化元素，如果能从纷扰的文化表象中抽取真正有价值的文化要素，就容易发掘有时代感和冲击力的话题切入点。

《加油》系列话题设计体现了编者对中华文化内涵的探索。教材从单元主题、语篇交际话题到讨论题的设计，立足于中华传统文化及日常交际文化要素，兼顾文化比较和文化信息的贯联，涵盖了AP中文课程文化内容的描述，为课堂交互互动、语言应用提供了文化与交际情境框架。单元主题和文化内涵如下表所示：

表2-2 《加油》单元主题和文化内涵

单元主题	文化内涵
体育与健身	关于中国学生的运动爱好及传统的运动项目，诸如少林武术、太极拳、踢毽子、放风筝等。
饮食与服装	关于中国的饮食文化和服饰文化的特点与变迁，通过这些文化表现进一步体会它们所反应出的中国人的文化理念和世界观。
学校与家庭	关于中国的家庭伦理关系所反映出的文化背景及社会变化。

续表

单元主题	文化内涵
节日与风俗	关于中国几个重要传统节日的风俗及其活动，并通过这些风俗与活动深刻体会它们所反映出的文化理念和世界观。
旅游与交通	关于中国著名的名胜古迹、各个地区的地理和环境，几个城市（文化和历史意义、交通方式等），长城的历史和文化特征。
人类与自然	关于中国在对待动物、环境等自然资源方面的历史与现状，尝试理解这些情况背后所可能折射出的中国人的文化理念和世界观。
民族与社会	关于中国作为一个多民族国家的悠久历史以及现代生活状况，中国人的文化理念和世界观。
语言与文字	关于汉语、汉字所表达出的文化信息，汉语中蕴藏的深厚的文化内涵。
名人与历史	关于中国历史上的重要人物以及中国历史发展的大致脉络。
文学与艺术	关于中国的小说、诗歌等文学样式以及中国主要民间艺术形式，中国人的艺术观与审美情趣。

三、词语关联功能

在教材研发上，话题对于词语的关联功能可以从两个方面认识。

第一个方面是语料显示的话题和相关词语的高关联性。在语言生活中，就任何话题与人交流，都需要运用词语或表达式作为语言构造材料，使用频率高、与话题内容关联性高的词语可以称为话题热词。比如"问路"话题，汉语国际教育动态语料库的话题信息标注结果显示：

（1）排名前三十位，且进入 HSK 词表的高频词包括：往、路、远、谢谢、离、换、地铁、银行等。

（2）排名前三十位，且超出 HSK 考试词表的高频词包括：这儿、请问、路人、拐、右、路口、售票员等。

在日常生活中，如果就"问路"这一话题进行交谈，多少会使用上述高频词语，因此，话题与词语的关联性较强。值得注意的是，一些单音节高频词，如"右""拐"等，并没有进入 HSK 词表，进入 HSK 词表的有"右边""拐弯"等相关的双音节词，但从话题表达的角度来说，单音节词非常灵活，功能丰富，教学上应该加以重视。

第二个方面是话题与教学目标词语的关联性。在教材中，通过话题处理在文中融入目标词语是很有必要的。目标词语在有意义的话题框架中重复出现，有助于达成事半功倍的学习效果。特定话题的高频词往往也是学习者一定学习阶段需要掌握的重要词语。对于外语学习者来说，这些词语的学习有助于语言表达能力较快提升。

话题热词与教学目标词语可能一致也可能不一致。一般来说，在初中级教材的常见话题中，话题热词与目标词容易达成一致，并且在很大程度上是可预测的，比如谈天气、点餐、问路、买东西、逛街、谈运动、谈健身等话题。以下是《魔力汉语初级汉语口语》中关于"谈天气"的课文：

（天气预报：今天多云，20到25度。明天晴，22到26度。）

大卫：丁凡，明天星期六。我们出去玩儿吧。

丁凡：你听天气预报了吗？明天天气怎么样？

大卫：好极了，不冷也不热，是晴天。

丁凡：我们去爬山。

大卫：好！

这段课文中，今天、明天、下雨、天气、晴、冷、热等词语和语段话题高度相关，这些词同时也是HSK考试的重点词。无论从语言表达还是从教学或考试目的来说，话题与目标词都紧密关联。

初级教材的话题高频词往往容易预测并做出调整。在中高级阶段，话题比较开放，信息量、词汇量增大，话题热词不一定是教学目标词，教材编者在适度调整相关词语前，需要考虑一系列问题，包括从学习者话题训练需要来看，哪些词语对于话题表述是必不可少的？哪些词是急需掌握的？哪些词尽管有助于话题表达，但对日常语言交际的重要性不高，可以删减？另一方面，如果一些话题热词不在词汇大纲范围内，是不是要增加所谓超纲词，将少量重要的词语列入生词表？等等。

如一段讨论中国属相的课文：

……

B：中国古人发明了用"干支"纪年的方法。"干"是"天干"，由10个字组成，这10个字是：甲、乙、丙、丁、戊、己、庚、辛、壬、癸。"支"是"地支"，由12个字组成：子、丑、寅、卯、辰、巳、午、未、申、酉、戌、亥。把天干的10个字和地支的12个字按顺序配合起来，可以组成60对纪年的符号，如：甲子、乙丑、丙寅……这60对符号周而复始，循环使用，每一年就有了一个纪年符号。如公历的 2008 年，就是农历的戊子年。

A：那和属相有什么关系呢？

B：后来，人们又用鼠、牛、虎、兔、龙、蛇、马、羊、猴、鸡、狗、猪这 12 种动物来配十二地支，组成了十二生肖，也叫十二属相。

A：是怎么配的呢？

B：你看，十二种动物与十二地支的对应关系是：子、丑、寅、卯、辰、巳、午、未、申、酉、戌、亥，分别和鼠、牛、虎、兔、龙、蛇、马、羊、猴、鸡、狗、猪相配，这样配下来就是：子鼠、丑牛、寅虎、卯兔、辰龙、巳蛇、午马、未羊、申猴、酉鸡、戌狗、亥猪。

……

(《汉语高级口语教程》第 2 册第 13 课"你是属什么的？——话说属相")

上述文本中集中出现了中国传统纪年专有词汇，这些词语话题相关度高，但在口语交际中的价值有限。因此，最好对词语的数量及难度做处理，或者调整文化点呈现方式，通过文化知识介绍将天干地支等专有名词引入教材。这些词语可以感知，但不利于语言表达训练。

四、情感带入功能

讨论话题的情感带入功能，需要联系有意义学习理论。奥苏伯尔（Ausubel, 1968）的有意义学习理论是 20 世纪下半期最有影响力的学习理论之一，在全世界有着极为广泛的应用。奥苏伯尔反对无意义的机械性学习或机械训练，他提出的有意义学习要具备三个前提条件：（1）学习材料本身必须具备逻辑意义；（2）学习者必须具有有意义学习的心向；（3）学习者的认知结构中必须有同化新知识的原有的适当观念。

奥苏伯尔的学习理论获得了脑科学研究结果的支持，相关研究表明，大脑总是对有意义而不是无意义的信息进行加工和反应，并获得发展的。什么是有意义的信息？埃里克·詹森（Eric Jensen, 2006）总结认为有意义的信息具有三个方面的特点：（1）把无关联的信息片段聚合成一个大的信息模式，以突出其间的关系和相联；（2）激发积极或消极的情绪反应；（3）对学习者的个人生活产生影响和冲击。

在外语教材中，话题具有激活学习者情感情绪、触发学习者有意义学习的心向的潜在功能，但潜在功能的实现有赖于有效的话题设计与处理。一般来说，有趣味、实用、容易引发争论的内容更能触发学习者有意义学习的心向。如果话题创设的情节情景带给学习者强烈的心理冲击，达到有效的刺激阈限，学生更能专注当下的学习，并且将话题内容与旧有的知识结构、生活经历联系起来。这时，语言学习及语言运用的过程充满真实的个人意义。

一方面，当学习者调动感知、记忆、思考、想象及情感体验积极参与课堂言语交际互动，其内心感受、思想意识和情绪体验也相应发生变化，与教材内容或教师的引导发生共鸣，大脑快速同化新的知识，扩展认知结构。另一方面，语言教学中的重复训练是不可能完全避免的，情绪情感的投入能够淡化重复带来的大脑功能抑制及精神疲惫，促进大脑对新信息的加工效率，有利于新的语言习惯的形成。

例如《中文听说读写》（姚道中、刘月华等，1997）是一套在北美地区广泛使用的教材，目前修订至第四版，教材主要使用对象是大学生。第三、第四版的修订在话题处理上最大的变化是突出生动有趣的故事情节，并贯穿全书。比如：

> 学生：师傅，请问今天晚饭有什么好吃的？
> 师傅：我们今天有糖醋鱼，甜甜的、酸酸的，好吃极了，你买一个吧。
> 学生：好，今天有没有红烧肉？
> 师傅：没有，你已经要鱼了，别吃肉了，来个凉拌黄瓜吧。
> 学生：好……师傅，糟糕，我忘了带饭卡了。这是十块钱。
> 师傅：找你三块三。
> 学生：师傅，钱你找错了，多找了一块钱。
> ……

（《中文听说读写》第1册第12课"在食堂吃饭"）

以上课文在设计上尽量捕捉生活细节，体现富于变化的情节，对话显得真实、有趣、活泼。系列情节包括师傅推荐糖醋鱼，建议学生别买红烧肉，改买凉菜，而学生居然忘了带饭卡，给师傅现金，师傅还把钱找错了。尽管短时间内发生的故事节奏或话题转换可能比实际生活密集，但也不乏合理性。上述文本话题具有情绪带入功能。

第二节　话题的功能分类

　　话题分类是话题研究的核心问题之一。在国际汉语教材研究中，基于内容的话题分类研究较多（苏新春等，2011；吕荣兰，2011；邓莉，2014；杨丽姣、肖航，2015等），这些研究从文化内容、世界知识等话题分类。而话题分类的角度有很多，本书第一章中，面向教材话题总体设计，将教材话题分为意念框架话题和交际性话题以及文本话题、非文本话题。而从话题功能、语体特点、教学目标等因素考虑出发，还有更多的话题分类方法。我们认为，在综合性汉语教材中，反映交际性话题的语言材料可以分为功能型、信息型、互动型、情节型、观点型、思辨型六种主要类型。

　　在话题功能类型中，根据文本语体、话题预设以及话题互动情况，又可以分为静态性和动态性两个大类。采用叙述体，文本有预设的中心内容，便是静态性话题。采用会话语体，通过人物的问答对话，引入话题、转换话题或结束话题，便是动态性话题。不过，教材中的话题互动和真实话语互动仍有距离，其话题引入、转换都是设计好的。有时，会话太过机械，话语对答只是为了表现语义功能或文化信息的需要。

　　功能型、信息型、互动型、情节型、观点型、思辨型六种话题说明如下：

一、功能型

　　亚历山大在《语言教学法十讲》中提出外语教学多种会话类型，其中比较重要的是谈话内容受到情景的制约的环境既定型会话，比如教材中关于购物、换钱等话题的会话。在人类的语言生活中，一些特定的交际情景或交际场合涉及到的交际参与者、言语交际功能、言谈框架、言语关键表达式以及高频词，在很大程度上是可以被预测的。这些交际情景，如见面问候、问路、机场登机、酒店订房、酒店入住、商场购物、餐厅就餐、图书馆借书、电话找人与留言、银行换钱等等，以框架语义学的研究视野来看，提供了既定的语义框架，会话或者说话题的交际功能和基本内容是被定制的。

我们将教材中受一定交际情景制约，高频词及表达式大致可以被预测，文本中心内容与交际（语义）功能相互蕴含的话题称为功能型话题。在外语教材中，这类会话比较机械，有模式化的痕迹，但为了呈现教学目标词语、表达式以及语义功能，功能型话题在初级阶段汉语教材中应用广泛。

功能型中的"功能"，专指言语交际过程中的基本语义功能，如问候、打招呼、告别、致歉等，不涉及叙事性文本的综合语义功能，如叙述、说明、描述、比较等。

功能型教材文本往往具有语境框架功能、词语关联功能、文化认知功能，而情感带入功能不显著。

二、信息型

教材设计中，通过人物之间，比如留学生及中国老师问答对话的方式介绍文化知识或其他信息，这种处理很常见。将语言和文化信息融合在一起，设定话题的文化认知功能，我们将其视为信息型话题。比如，以下关于"春节"的文本：

　　山下：马克，我来中国有一段时间了，可对中国人家庭生活的情况还是不太了解。前些天去李老师家之后，不管怎么说，知道了一些。可是，中国人过节的情况我还是不太清楚。
　　马克：我来中国的时间比你长一点儿，但了解得也不太多。我只能试着说说。大多数中国人还保留着过传统节日的习惯，常常过春节、中秋节、元宵节，等等。其中，最重视的是春节。
　　山下：那么，他们为什么这么重视春节呢？
　　马克：在中国，春节是一年中最重要的传统节日。由于一家人平时都很忙，只有春节的时候才能团聚在一起，因此人们都很重视过春节。很多人都会回老家过节。

（《汉语纵横会话课本》第1册第9课"春节是中国最重要的节日"）

信息型话题可以是对话体或叙述体。话题高频词及表达式在很大程度上是可以预测和被抽取的。从语言表达训练上看，这类话题内容对于中高级阶段的成段表达训练是较好的选择。

在功能方面，信息型教材文本具有文化认知功能，词语关联功能，但语境框架功能、情感带入功能不凸显。

三、互动型

互动型话题的文本内容改编自真实会话语料，接近自然话语交际，体现了话题在话语互动中的建构。在会话互动过程中，可能出现多个小话题，小话题之间有转换和衔接。

如下列课文：

[老舍（1899年—1966年）是中国现代著名文学家，舒乙是老舍的儿子，任现代文学馆馆长。下面是著名电视主持人杨澜对舒乙的采访。]

杨澜：舒乙先生，您父亲为什么给您起这个名字呢？这个"乙"字有什么来历？

舒乙：这个得从我姐姐说起。她生在济南，所以叫舒济，繁体的"濟"字难写极了。父母两人很后悔，给小孩取了这么麻烦的名字，上小学多困难啊！所以给我起名字时，就简简单单的，一笔……

杨澜：而且您正巧是老二，甲、乙、丙、丁排队排到乙字。

舒乙：对。

……

杨澜：老舍先生1947年只身到美国去了，1956年母亲才带着你们全家离开重庆迁回北京，那时你已经是十五岁的半大小子了，父亲和你久别重逢，怎么打招呼？

舒乙：这个也很有意思。他拄着手杖在站台上接我们，看见我，马上把手伸过来："你好，舒乙。"把我吓坏了，因为那么小，从来没有人和我握过手，何况是自己的父亲。

（《加油》第1册第6课"儿子眼中的父亲"）

这段课文内容丰富有趣，可以切分为"父亲的几个小故事""儿子眼中的父亲""老舍育儿趣事"等多个小话题，属于"亲子关系"话题大类。在会话过程中，小话题是通过主持人的提问与被采访者的回应建构起来的，从起名、看待子女考试成绩，到和儿子见面打招呼、临别叮嘱，小话题不断推进和转换，形成了互动型话题。

互动型话题中，人物基于各自的立场身份，叙述情节，表达意见提出或评论观点，在此过程中，高频词及表达式是自然呈现出来的，而不是被严格定制的，小话题是沟通的结果，而不是生硬预设的。

互动型话题凸显语境框架功能和情感带入功能，文本内容具有文化要素兼容功能及词语关联功能。在教材设计上，不同情景下的真实日常口语对话，由问题引导的访谈等，都是互动型话题很好的语料来源。

四、情节型

在教材处理上，主要采用叙述体，通过有情节的故事表达话题内容，这种文本话题称为情节型话题。例如：

> 故事发生在两千多年前的战国时期。当时有七个国家，以秦国最强。有一年，赵王得到一块珍贵的宝玉叫和氏璧。秦王知道后，就写信给赵王说，愿意用十五座城来换这块宝玉。赵王连忙召集将军廉颇等大臣商量，有人说，如果把宝玉给秦王，恐怕秦国不给城，白受欺负；如果不给宝玉，又害怕强大的秦国打进来。商量了半天也没有结果。
>
> （《登攀——中级汉语教程》第1册第26课"完璧归赵"）

这段课文讲述了"完璧归赵"的故事，语言通俗，情节生动自然，易于引发学生的话题兴趣。

情节型话题具有语境框架功能、文化认知功能、词语关联功能和情感带入功能等。

五、观点型

为表达特定的观点而选择或设计相关文本，形成观点型话题。观点型文本常见语体包括叙述体，以及演讲、访谈、对话等会话语体。例如：

（现在，世界各国之间的联系越来越密切。）外交官、移民、留学生、游客以及其他在外国工作的人，他们都可能面对另一个国家的风俗习惯。那么，他们应该怎么办呢？是按照自己国家的风俗习惯去做，还是按照当地的风俗习惯去做呢？西方有一句谚语：如果你到了罗马（Rome），就要按照罗马人的习惯去做事。汉语中也有这样一个成语：入乡随俗。在别的国家，学会入乡随俗是十分重要的。否则，你就会发生误会、遇到麻烦，甚至遭遇到文化冲突。

（《话题汉语中级》第1册第5单元第2课"入乡不随俗会有麻烦"）

这段课文重在陈述观点、表达意见。在汉语学习中级、高级阶段，能够就一定话题表达观点，是学习者语言能力培训的重要内容。

观点型话题具有语境框架功能、文化认知功能、情感带入功能和词语关联功能，文本中的核心观点可为教学交际互动提供动力。

六、思辨型

思辨型话题体现批判性思维（Critical Thinking）的内涵，可引发师生之间、生生之间的讨论，促进言语交际互动。思辨型话题在语体设计上既可以是叙述性的，也可以是演讲、访谈、对话等会话语体，例如：

凡是到欧洲和日本、新加坡等一些国家参观过的旅游者，看到那里到处是洁净的河流、美丽的公园、整洁的道路，内心定会大为触动。进而便琢磨：为何人家能够拥有的良好生态，在我们这里却难得一见？环保究竟难在何处？良好的生态为什么离我们那么遥远？回到国内，一一对照眼前现状，仔细考虑了一番，却又感到，环保似乎并不难，良好的生态亦非高不可攀：只要每个人都稍微注意一下自己的脚、手、口，把它们管紧一点就行了。

先说我们的脚。脚是用来走路的，但若遇到某些地方，就应当收住脚步，绝对不该跨进去，像春天正在萌芽生长的草地，夏天小动物们正在谈情说爱的树丛等。但是现在，许多人却总是管不住自己的脚，虽然草地前竖着"请收住您的脚步，让小草安然休息"的牌子，他们依然随心所欲地在小草上践踏，于是好端端的草地就被踩得一塌糊涂。更有许多自然保护区，也出现了许多本不该出现的脚印，这些盗猎者，可说是人类中最愚蠢的一群。

……

（《拾级汉语精读课本》第9册第7课"环保的细节"）

思辨型话题具有语境框架功能、文化认知功能和词语关联功能，情感带入功能不凸显。

以上从文本的教学功能以及教材话题设计处理出发，讨论了功能型、信息型、互动型、情节型、观点型以及思辨型六类话题。在实际教学材料中，不少文本兼有多种类型话题特征，例如：

有一个有趣的故事是这样讲的：一天，全世界都毁灭了，只剩下两个人。

如果这两个人是拉美人，他们就会组成一个小乐队；如果是德国人，他们就会一起开一家工厂；如果是英国人，那什么事情也不会发生，因为这两个人要等着第三个人介绍他们认识；而如果是中国人，他们就会开一家餐厅！

这个故事非常幽默地说出了世界各国人的特点。

现在，世界各地到处是中国餐馆，说明这个故事讲得没错。

世界可能不会毁灭，但中国人确实非常重视饮食，比如汉语中有句话叫"民以食为天"，意思是中国老百姓把饮食当作最重要的事。中国的饮食世界闻名。

受地理、气候、物产等条件的影响，中国各地的口味不一样，有"南甜北咸东辣西酸"的说法。

最有名的是八大菜系：鲁菜、川菜、粤菜、闽菜、苏菜、浙菜、湘菜、徽菜，每个菜系都有自己的特点。

此外，全国各地都有一些地方小吃。

（《话题汉语中级》第1册第1课"民以食为天"）

这段课文通过幽默故事表述观点、传递文化信息，可供辩论研讨，涉及国民性格、中餐传播、中国菜系等话题侧面，在话题功能类型上属于综合性的。

总体来看，教材编写面向学生语言能力发展，培养学生了解会话、叙述、访谈、辩论等不同语体或场合下话题的切入、表达、推进以及转换互动，了解如何成句、成段表达情感、陈述观点、发表意见、描述细节。为实现上述语言能力综合培养目标，教材运用不同形式的语言材料设计多种类型的话题，而相关文本往往包含不同语体信息和文化内涵，体现不同语义表达功能。

第三节　互动型话题的转换与衔接

根据会话内容是否围绕预设的话题展开，可将话题分为动态性话题和静态性话题两类。

在自然语生活中，动态性、建构型话语交谈的话题切入、推进、转换等一系列话语标记，留学生掌握起来通常难度较大。刘元满（2008）指出，在实际教学中，高级阶段学生在交际活动中的问题主要可概括为三点，一是参与静态话题讨论比较容易，但在动态场景活动中，对身份不同的人物难以得体应对；二是在与对方谈论一致性好的话题，表达与对方相近的评价态度时比较自如，而在表达不同态度或者复杂情感时比较被动；三是在谈话过程中，应答对方时比较顺畅，而在引导话题、控制谈话权方面难度较大。

国际汉语教材往往通过会话体语料引入某个话题，同时也将语义功能、高频词、表达式等教学要素融合在语言材料中。于是，在一些会话材料中，话题的引入、推进、转换和真实话语互动存在相当的距离，例如下面这段对话：

张正然：你们俩要去哪儿？
孙信美、杨欢：我们去打篮球。
张正然：你们篮球打得怎么样？
孙信美：杨欢篮球打得很好。我还不太会打篮球，她是我的教练，她教得很好。
杨欢：不行，我还打得不太好。
张正然：我不常打篮球，我常常和我室友去游泳，他游泳游得非常快。
杨欢：你们常去哪儿游泳？

张正然：我们常去体育馆里边的游泳池游泳，我们也常去健身房锻炼。

孙信美：你现在要不要跟我们去打篮球？

张正然：现在不行。我昨天看球赛看得太晚了，今天起得很晚，现在得去做作业。

杨欢：昨天我们那儿包饺子，做中国菜。你晚上到我们那儿吃饺子吧。

张正然：太好了！我很喜欢吃饺子。你们包饺子包得快不快？

孙信美：我们包得很慢。

杨欢：信美很会做饭。她做饭做得很好。

（《中文天地》第1册第16课"她打篮球打得很好"）

这段对话中，话题转换比较突兀。几个朋友在路上碰面，话题从一般性问候，转成谈爱好，再从谈打篮球转到篮球教练，突然又跳到另一个话题——谈游泳，游泳没说几句，再跳到谈中国菜、包饺子等。话题的转换和衔接不是十分自然。

要使会话材料在表现话题的切入、转换、结束时更接近真实交际互动，必须考虑语境因素，包括什么情景、什么场合、什么样的人会说什么话，以及对什么人该说什么话。这是教材话题设计与处理的关键点。

《中文听说读写》（刘月华、姚道中等，2014），主要对象是大学阶段的学生。目前已经修订至第四版。最新修订版十分重视将话题的切入、转换和结束设置于较为合理又有趣的情景下展开。（在高小音家……）

小音：王朋，李友，来，我给你们介绍一下，这是我表姐海伦，这是她的儿子汤姆。

王朋：你好，海伦。

海伦：你好，王朋，文中和小音都说你又聪明又用功。

王朋：哪里，哪里。你的中文说得真好，是在哪里学的？

海伦：是在暑期班学的。

王朋：哎，汤姆长得真可爱，你们看，他笑了，他几岁了？

海伦：刚一岁，是去年生的，属狗。

王朋：你们看，他的脸圆圆的，眼睛大大的，鼻子高高的，嘴不大也不小，长得像海伦。

小红：妈妈这么漂亮，儿子长大一定也很帅。

小音：来，来，来，我们吃蛋糕吧。

李友：等等白英爱吧。她最爱吃蛋糕。

(《中文听说读写》第4版初级第2册第14课"参加一个生日晚会")

会话从朋友见面、互相介绍这一话题开始，问候语中涉及对王朋中文水平的夸奖，话题顺势转到谈中文学习，接下来再转到谈论会话参与者海伦怀里的孩子。一系列话题转换和真实情景下一个人到朋友家做客，见到朋友家人老小可能发生的对话十分吻合。这样的文本有助于学习者了解中国人见面如何互致问候，如何开始、推进、转换话题，以及中国人会话互动的话语特点等。

小结

本章话题功能分类是适应外语教学对学习者言语技能、认知能力以及情感态度等综合素养培养目标而提出来的。

以结构为纲的教材往往注重语言教学的工具性目标，从设计思路上看，这类教材课文内容的选择与设计不指向某个语境框架。我们主张教材研发应重视语言与文化有机结合，重视话题选择与处理，有效的话题处理既是提升教材的工具价值，也是丰富教材人文内涵的重要手段。

尽管全世界汉语学习者人数持续上升。但是，在美欧不少发达国家中，汉语仍属于非普遍教授语言，面临西班牙语、法语、德语以及日语、韩语等语言的竞争。国际汉语教材中，如何挖掘有趣的、有冲击力的、真实自然的、蕴含丰富语境信息和文化内涵的话题，提高学习者注意力，激发学习者话题交际与意义探究的兴趣，进而支撑学习者的长期学习动机，是值得深入探索的问题。

参考文献

1. Ausubel, D.P., Novak, J.D., Hanesian, H. *Educational Psychology*: *A Cognitive View* [M]. New York: Hole, Rinehart and Winston, 1968.
2. Brown, H. D. English Language Teaching in the "Post-method" Era: Toward Better Diagnosis, Treatment and Assessment [J]. *PASAA*, 1997(27).
3. Kumaravadivelu, B. *Beyond Methods*: *Macrostrategies for Language Teaching* [M]. New Haven

: Yale University Press，2003.

4. 北京语言学院．基础汉语课本［M］．北京：外文出版社，1980.

5. 邓懿．汉语初级教程［M］．北京：北京大学出版社，1987.

6. 邓莉．基于语料库的旅游汉语话题库及话题词表构建［D］．暨南大学，2014.

7. 李泉，金允贞．论对外汉语教材的科学性［J］．语言文字应用，2008（4）.

8. 鲁健骥．初级汉语课本［M］．北京：北京语言学院出版社，1980.

9. 吕荣兰．基于语料库的对外汉语口语话题及话题词表构建［D］．暨南大学，2011.

10. 苏新春，唐师瑶，周娟，王玉刚．话题分析模块及七套海外汉语教材的话题分析［J］．江西科技师范学院学报，2011（6）.

11. 杨丽姣，肖航．面向语义搜索的语料库语境信息标注研究［J］．语言文字应用，2015（1）.

12. 张颖．对外汉语初级口语教材课文话题分析［D］．复旦大学，2011.

13. 朱德熙，张荪芬．汉语教科书［M］．北京：商务印书馆，1958.

第三章　话题的布局选点与综合处理

教材研发与课程大纲研制均需考虑教学话题的设计范围。教材研发应从宏观上考虑话题的层次安排、布局选点与处理方式，再根据课程类型及教学对象进一步调整话题。正如《欧洲语言共同参考框架》（2008）的主张，《框架》提供了一套主题分类，但也指出，教师、教材编写者等相关人员要根据自己在各自领域对教学需求、动机、特点和资源的预测确定合适的交际主题分类。

在教材话题宏观设计上，构建教材文化意念框架，设置单元话题，选择和设计交际话题只是完成了工作的第一步。接下来，要考虑话题内容的切入点以及与多种教学因素的平衡协调。

第一节　多元化主题框架

一、《国际汉语教学通用课程大纲》的话题体系

国家汉语国际推广领导小组办公室制定的《国际汉语教学通用课程大纲》（2008、2014）将话题视为语言知识的组成部分，与语音、词汇、语法等传统要素并列。大纲提出了"汉语教学话题及内容建议表"（以下简称"话题表"），列举了相关交际任务，供教师教学参考。

课程大纲话题表（2008）有22个大类，包括：个人信息、情感与态度、社会交往、日常生活、学校生活、家庭生活、文化娱乐、节日活动等。在本书的话题层级体系中，这些大类接近于单元话题，大类下的话题小类相当于教材每课书的主要交际话题。交际话题在初级、中级、高级教材中可以重复出现，循环上升。

以下从话题顺序、话题类别、话题范围及颗粒度、话题处理的可操作性等几

个方面分析话题表。

话题表的顺序一定程度上提示了教学内容的安排顺序。话题表以与个人体验相关的话题为起点,由己及人,逐步扩大到公共生活领域话题,再到自然、历史、文学、地理等宏观话题。在教学顺序上,表达个人信息、个人体验、个人生活的话题多适用于初级阶段,表达公共生活的话题多出现在中高级阶段教学,专业性、知识性较强的话题往往适用于高级阶段的教学。

话题表可以分为四个大类:

第一类是个人及日常生活话题,涉及家庭介绍、联系方式、职业、爱好等个人信息,涉及打招呼、问候、约会、起居、打电话、问路、购物等日常事件,另外也列举了和个人情感生活体验较密切的话题,如语言学习的困难、体育活动、社区活动、亲子关系、饮食习惯等等。

第二类是包含跨文化因素的话题,比如节日比较、中医西医、宗教信仰、颜色和数字的不同文化色彩、不同文化中的隐私忌讳差异等。

第三类是中国文化话题或主题,涉及不同文体,如小说、诗歌、散文、报告文学、童话故事等;不同形式的艺术作品,如琴、棋、书、画、摄影、雕塑等。

第四类是自然科学与全球性话题,例如动植物、环境保护、全球变暖、网上冲浪、全球化等。

话题表中话题的边界及层次性有交叉,例如,"学校生活"列举了"知识""教育"等小类,但反过来认为"教育"的子类包括"学校生活"也未尝不可。因此,在设计教材话题时,还应对交际话题范围作进一步处理。

话题表中"情感与态度""计划与未来"与其他类别不同。"情感与态度"列举了"喜欢、不喜欢、同意、不同意、满意、感谢、遗憾、怀疑、抱怨、生气"等,"计划与未来"列举了"意愿与打算、希望与愿望"等。这些内容是对交际态度或交际情感的概括,与传统教学大纲中的交际功能类似,但对于教材话题设计及内容组织的可操作性不强。"文学与艺术"中的"审美"体现文化视角,非常宏观。"社会交往"中的一些类别,如"打招呼""问候""介绍","日常生活"类别中的"问路"等,既可视为语义表达功能,也可视为话题。教材编写时还需要作进一步整理。

《国际汉语教学大纲》于 2014 年进行了修订,与 2008 年第一版相比,主要在下面四个方面有所变化：

第一，增加了交际话题，比如"个人信息"中增加了"民族、少数民族、电子邮件、性格、身份、国籍、个人天赋与才艺"等交际话题。

第二，删除了"热门话题""价值观念"项目。这些类别对于话题范围的指向性不强，也很难界定确切的内涵。

第三，避免从纯中国视角切入话题。

第四，改变了一些交际话题的归属，比如"难民"原属于"价值观念"大类，现归属"全球与环境"大类。

上述修订体现了大纲制定者对话题体系的细致梳理，话题表的实用性得到了加强。

总体来看，2008版和2014版的话题表全面地列举了一线汉语教师关心的话题，并对话题的总体范围和层次性作了规定，对教材编写的话题整体布局具有较好的参考意义。

二、AP课程的主题框架

世界生活丰富多彩，世界知识普遍关联。因文化视角不同，对话题侧面的细化程度理解不同，话题设计的框架也有较大区别。就好像烹饪，相同或相近的食材在不同饮食文化中运用和组合方式不同，或煎或炒、或炸或烤，制作出来的菜品营养价值不一，口味也变化无穷。

《国际汉语教学通用课程大纲》中的话题表提供了一种汉语教学话题框架，但从不同文化视角出发，对主题框架可以有多元化的处理。本节以美国大学理事会《AP语言及文化课程概要》(汉语、法语)、《欧洲语言共同参考框架》以及IB课程的文化主题框架探讨外语教学文化主题框架的多样化选择。

美国大学理事会《AP中文课程与考试概要》(2015)提出，教学内容应该包括"时事、地理以及人口、民族以及地区差异、旅行及交通、气候及天气、节日及食物、运动及游戏、中国社会关系领域、家庭成员、老年人及青年同龄人的人际关系、历史文化"等等。将这些主题与美国大学理事会于2010年前后提出的"AP中文课程与考试修订版的意见征询稿"①做比较，可以了解不同文化视点下对话题的重新整理。"征询稿"提出："（AP中文）致力于学生对中国当代与历史文化的学习以及探究……学生要学习当代中国社会的各个方面，包括：（1）全球挑战（气候变迁、经济成长、移民问题、资源保护、食品安全等）；（2）变化的时代（节日庆典、语言、建筑、宗教的社会人物等）；（3）科学与技术（药品、新的发明、空间探索、遗传工程等）；（4）当代生活（职业、住房、休闲、生活方式、流行文化、校园生活、旅行等）；（5）个人以及集体身份（宗教、种族、文化适应等）；（6）家庭与社区（成长烦恼、教育、法律、友谊、社会网络、社会福利、志愿者）；（7）审美（时尚、电影、文学、表演艺术、视觉艺术）；（8）媒体以及大规模社交（跨文化交际、代沟、远程交际、互联网技术等）。

上述主题整理与"AP法语及文化课程概述"（2011）的主题框架有部分非常相似，AP法语课程的大主题为：（1）全球挑战（Global Challenges）；（2）美与美学（Beauty and Aesthetic）；（3）家庭与社区（Family and Communities）；（4）个人与公共身份（Personal and Public Identities）；（5）当代生活（Contemporary Life）；（6）科学与技术（Science and Technology）。其中个别大类，如"美与美学"细分为"艺术美学""生活美学"，反映了法语AP课程对美学的重视。国际汉语教材中，将"审美"凸显作为一个大的文化主题是否合理？编者可以大胆尝试，只是要进一步思考，如何建立和中华美学相关的话题体系？针对不同等级水平的学习者，哪些话题更理想，便于操作？哪些话题更能够反映中华文化的特质？等等。

三、《欧洲语言共同参考框架》的主题框架

《欧洲语言共同参考框架》提出交际主题、副主题、子话题三个层级话题框架，如下所示：

第一层的交际主题包括个人特征描绘，房子、家庭和环境，日常生活，假日和娱乐，旅行，同他人的关系，健康和福利，教育，购物，食品和饮料，服务，

---

① 本书作者于2010年接触该修订稿，并参与《加油!Chinese for the Global Community》课题组对意见征询稿的相关讨论。出于种种考虑，该修订稿后来并未执行，目前使用的AP中文课程与考试概要（2015年版）中的教学内容建议与2006年版保持一致。

地点，外语，天气（气候）等 14 个大类。

14 个大主题下各分"副主题"，其中，"假日和娱乐"细分了 8 个副主题，包括休闲、个人兴趣、广播和电视、戏剧、音乐会、博物馆、运动、文化艺术活动等。而每个副主题中列出更细的话题，如"运动"的子话题有：

  地点：足球和网球场地、板球和棒球场地、操场、体育馆等
  机构：运动、团队、俱乐部
  人员：运动员
  物体：牌、球
  事件：竞赛、比赛
  行为：看、进行（运动项目名称）、跑、赢、输、抽签等

《欧洲语言共同参考框架》指出使用者可以自己决定或调整交际话题的分类。不同领域有适用于相关交际行为的话题，发言、对话、思考或写作均可围绕这些话题进行。

综合来看，对社会文化生活话题的多重理解可开阔话题设计的视野，而话题类别的多元性探讨不一定局限在语言教学领域，也可以参照其他相关领域的理解。

四、其他课程体系的主题框架

IB 课程[①]中的 PYP（Primary Years Programme）是为 3 至 12 岁学生设计的一套课程体系，主张让孩子在课堂上和生活中都能成为一个探究者。PYP 课程框架及教学材料组织由六个超学科文化主题所引领，这些主题帮助世界各地的教育者把当地及世界上存在的问题融入到课程之中，帮助学生"超越"学科范围思考世界与人生。PYP 项目的教学、教材开发均围绕六大主题展开，分别是：

（1）我们是谁（Who we are）
（2）我们身处什么时空（Where we are in place and time）

---

① IB 课程是由 IBO 提供的课程。IBO（国际文凭组织，International Baccalaureate Organization）成立于 1968 年，为全球学生开设从幼儿园到大学预科的课程，为 3—19 岁的学生提供智力、情感、个人发展、社会技能等方面的教育，使其获得学习、工作以及生存的各项能力，迄今为止已遍布全球一百多个国家。语言类课程是 IB 的核心课程之一。

（3）我们如何表达自己（How we express ourselves）

（4）世界如何运作（How the world works）

（5）我们如何组织自己（How we organize ourselves）

（6）共享地球（Sharing the planet）

六大主题提供了一种儿童探索世界的文化视角，从教材话题设计来看，如果以学生的文化主题探索和认知能力发展为框架，交际话题的选择和组合会有不一样的面貌。

无论是 AP 课程概要，《欧洲语言共同参考框架》，还是 IB 课程的主题描述，都展现了不同的文化意念框架。文化框架确定后，必然会影响单元话题的构成，以及交际话题的选择与组合。在进行话题处理时，编写者需针对特定教学目标和教学对象，对框架话题、单元主题以及交际话题作重新分类与整理。教材的话题体系反映不同编写者文化视角以及话题组合策略等方面的差异。

第二节　话题兴趣与话题选取

学习者话题兴趣调研对于教材话题的选取与组合具有重要参考价值。话题兴趣调研可以通过问卷调研、访谈或其他多种途径进行。话题兴趣通常与个人的生活环境、文化背景、认知心理等因素密切相关，不同群体的话题兴趣必然有差异。

以下两份调研反映了不同文化背景、不同年龄、不同处境人群话题兴趣的差异，挖掘与学习者生活体验密切相关的话题切入点，是教材话题处理的重要策略。

一、来华留学生

我们收集了北京大学对外汉语教育学院留学生1998年至2005年的453篇演讲稿。演讲者来自全世界各地，所涉话题丰富多彩。表3—1对演讲稿的内容进行分类统计，分为6个大类，11个小类，具体数据如下表所示。

表 3—1 演讲稿分类统计数据

大类	小类	份数（比例）	比例
中国生存	中国印象	130（28.7%）	37.1%
	语言学习生活	38（8.4%）	
个人生活	娱乐、休闲、爱好	41（9.1%）	24.6%
	爱、亲情、友谊	55（12.2%）	
	成长经历及烦恼	15（3.3%）	
文化感悟	中国文化	46（10.2%）	20.6%
	本国文化	35（7.7%）	
	文化比较	12（2.7%）	
人生哲理	/	57（12.6%）	12.6%
混合	/	14（3.1%）	3.1%
其他	环保与自然	3（0.6%）	2%
	理想与未来	3（0.6%）	
	义工	4（0.8%）	

这些演讲话题反映了留学生的亲身经历和所感所想，以及对人生哲理世间百态的观点评论。

（1）"中国生存"

"中国生存"类话题占演讲稿的37.1%。14篇混合型话题中有6篇兼跨"中国印象"与"语言学习"两个小类，与"中国生存"类话题也有交集。"中国生存"是频率最高的热门话题。"中国生存"大类下又细分"中国印象"和"语言学习生活"两个小类话题。其中"中国印象"涉及留学生到中国生活所接触的各种人群，如商店售货员、出租车司机、中国朋友等，也有他们所经历的各种日常生活小事，如购物砍价、打的问路、找洗手间等。"语言学习生活"涉及留学生在中国与人用汉语交流时的各种故事，也包括留学生对汉语学习历程的心得体会。

总体来说，"中国生存"类话题反映了留学生来华生活与学习时，在文化接触与文化适应过程中的种种焦虑、挫折、发现以及欣喜。从统计结果来看，下面几个话题受关注度最高：

"卫生间"话题，留学生尤其是早期来华的，对卫生间话题异常关注，反复讲述了各式各样的卫生间遭遇。应该说这和当时的社会发展水平是分不开的。

"砍价"也是留学生的热点话题。这个话题有很多侧面，有个人砍价经历，有传授别人讲价的诀窍等。对这个话题的关注既和留学生的经济状况有关，也和中国商贩对外国人销售时的作法、中国式砍价等文化信息相关。

"中国菜""与出租车司机交谈"也是受关注度较高的话题。不少留学生醉心于中国饮食文化，在中国找到了"上瘾"的菜肴。"与出租车司机交谈"是个有争议的话题，有的谈用汉语和的哥交流的障碍和烦恼，有的夸赞北京的哥提供了极好的口语练习机会。

此外，"对于中国及中国人的宽泛印象""想象的中国与现实中国的落差""中国人如何看待外国人""中国交通工具""中国人的排队秩序""在中国的个人隐私"等话题也受到关注。

从具体话题来看，"中国生存"类谈到对中国生活方式、生活条件、服务业接待水准等各方面的挫折感，少数态度比较消极，比如，"中国人为什么喜欢垃圾食品""中国人为什么要随地吐痰"等演讲内容。但总的来说，积极适应中国文化的心态占据主流，大多数留学生在谈现实缺憾的同时，表达了热爱北京、热爱中国的强烈情感。

（2）"个人生活"

"个人生活"是留学生演讲稿的主要类别，占所有话题的24.6%，仅次于"中国生存"。

"个人生活"主要包括三个小类："娱乐、休闲及爱好""亲情、爱情及友谊"和"成长经历与烦恼"。这些话题与留学生的中国生活经历相关，并且展现了他们的个人世界。"娱乐、休闲及爱好"谈及体育运动、音乐、宠物、饮酒、节日和旅游等，许多内容显示了国别特征。而"亲情、爱情及友谊"的演讲内容没有明显的国别特征，其中，感恩父母是普遍性话题，谈论热度超过了爱情、婚姻和友谊类话题。在"成长经历及烦恼"类中，一些留学生表达了文化归属的困惑，有的提到了幼年时曾居住的多个国家或地区，演讲题目是"我是谁？"。

（3）"文化感悟"

"文化感悟"与前面两个大类不同，前两类话题主要是体验性的，而"文化感悟"类演讲稿内容更具评论性质。统计数据显示，它在所有演讲话题中占20.6%，居第三位。

"文化感悟"类可以分为三小类："中国文化""本国文化"和"文化比较"。在"中国文化"小类中，涉及的话题如中国语言文字、中国饮食文化、社会习俗、民间艺术和男女平等。也有少数几篇演讲涉及经济问题，比如，谈在中国的发展机会及经贸问题等。"本国文化"较多谈留学生的母语文化话题，特别是文学、历史等方面。"文化比较"中，不少学生谈对不同人群观念的比较，比如"中国人和美国人对冒险的不同看法""中日时间观比较"等。

（4）"人生哲学"

第四大类话题显示了留学生对人生、对社会、对日常处世艺术的思考。一些演讲反映了学生日常学习生活中的焦虑与烦恼，如"如何消解学习压力""作弊大观"等。还有一些话题谈论两性关系，如"日本男人""如何追女生"等。也有不少演讲聚焦生活意义类话题，谈"什么是幸福与快乐"等。

以上（1）至（4）类概括了453份演讲的主要话题。其余是"混合类"以及其他内容。"混合类"中不少谈到语言学习经历、对中国的印象等。

二、美国中学生

为了解美国中学生的话题兴趣，《加油》编写组对9至12年级，年龄在14至18岁之间的美国中学生进行了问卷调查，共回收有效问卷276份。

调查显示，绝大多数中学生希望汉语教材中出现和自己日常生活相关的话题，其次是东西方文化差异的话题，然后是环境污染等全球性话题。

日常生活方面，美国中学生日常生活中的热点话题主要有同学间的小秘密、朋友关系、异性关系、体育运动、家庭作业、课堂活动、生活烦恼等。

与中国有关的话题方面，不少学生表达了对中国人信仰的浓厚兴趣，希望多了解这方面的内容。另外，他们渴望了解中国同龄人的生活，特别是同龄人的兴趣爱好及所关心的问题等。

在关心或担心的问题上，和中国中学生一样，学习成绩也是让美国中学生焦虑的重要问题。

美国中学生对于环境问题的关注度普遍较高，尤其关注经济发展与环境保护的辩证关系。

在故事题材方面，美国中学生最喜欢幽默、浪漫、富冒险精神的故事。幽默的手机短信比较受欢迎。

在个人喜好方面，美国中学生最喜欢的玩具是电脑、PlayStation游戏机、泰迪熊等，最爱吃的零食是冰激凌和巧克力，最喜欢的运动是篮球、足球、橄榄球等等。

调研也了解到学生们对热点话题的切入角度。比如宠物话题，学生们关注人与动物的关系，希望了解主人为什么喜欢他的宠物。关于故宫话题，学生们对帝王生活的兴趣远超过对优美建筑的兴趣。

总的来说，美国中学生的话题兴趣与其年龄、校园生活环境密切相关。热点话题包括谈论朋友关系、异性关系、功课作业等。调研发现美国中学生普遍喜爱体育运动，尤其热衷篮球、橄榄球等，这和美国的体育文化是分不开的，篮球、橄榄球在美国人生活中占有特殊的位置，可以挖掘的交际话题很多。

第三节　四部教材话题布局实例分析

初级、中级、高级是汉语作为第二种语言教学常用的水平概念。根据需要，在每个等级中可以区分更细的等级。吕必松（1993）认为从各类汉语教学课程纲要、概述及教材的编写实践来看，在中级阶段，学生的语言表达能力要突破简单功能性表达的局限，提升成段表达的能力，要能够围绕某个话题与人自由交谈，相应地，中级阶段教材的话题设计应承上启下，范围广泛，内容丰富。

本节选取四部较有影响力的中级水平国际汉语教材进行比较。这四部教材不是最新出版的教材，但较好地体现了最近二十多年教材话题设计及综合布局思路的变化。

四部中级教材分别是：

（1）《桥梁——实用汉语中级教程》（以下简称《桥梁》），陈灼主编，北京语言大学出版社，1996年第一版，是目前我国国内中级汉语精读教学使用最多的教材之一。

（2）《标准汉语教程（中级）》（以下简称《标准》），王国安主编，上海教育出版社，1998年9月第一版，属于国家汉办规划教材。

（3）《新实用汉语课本》（第5册）（以下简称《新实汉》），刘珣主编，北京语言大学出版社，2005年7月第一版，属于国家汉办规划教材。

（4）《加油！Chinese for the Global Community》（简称《加油》），许嘉璐

主编，2008年由北京师范大学出版社、Thomson Learning联合出版，属于国家汉办规划教材。

表3—2是四部教材课文文本的话题类别统计。

表3—2　四部教材课文话题大类

话题大类＼教材	《桥梁》上下两册 30课	《标准》共四册 40课	《新实汉》共一册 10课	《加油》上下两册 20课
日常生活	10%	10%	50%	30%
人物事迹	36.7%	5%	10%	5%
文化习俗与文化产物	3.3%	15%	10%	10%
中国生存	3.3%	5%	10%	5%
旅游	3.3%	5%	0	10%
爱情婚姻	13.3%	0	10%	0
自然科技	6.7%	20%	10%	10%
人生哲理	6.7%	5%	0	0
社会热点	10%	17.5%	0	5%
经济生活	3.4%	5%	0	0
其他	3.3%	12.5%	0	25%

四部教材中，《桥梁》和《标准》有关日常生活事务，涉及情景交际的话题比例偏低，《标准》中有关自然科技的话题比例过高，总体上看，这两部教材文本内容的知识性较强，增加了使用者利用相关语言材料进行话语交际与话题表达的难度。值得一提的是，《标准》中有关文化习俗与文化产物的话题处理很有特色，涉及"豆腐""筷子""饺子"等文化点，尽管在处理上仍然凸显文本内容的知识性，但也方便教师联系日常文化生活拓展话题，进行语言应用能力训练。

2005年出版的《新实汉》比起上述两部中级教材，突出特点是日常生活类话题比重大为提高（50%）。从学习者的认知心理来说，日常生活话题与学生关系密切，容易引起学生讨论的兴趣。

《新实汉》的话题处理注重学习者视角，比如，同样是描写北京城，《新实汉》第 4 课从一个外国留学生的角度，谈北京城的发展、生活水平的提高以及北京人的好客。《标准》第 2 册"我看北京"介绍北京的历史、建筑及作者对北京的依恋。两本书话题处理的视角不同，而留学生视角更容易引发学习者的共鸣以及讨论热情。

2008 年出版的《加油》话题选点广泛，单元主题/话题分别为：体育与健身、饮食与服装、学校与家庭、节日与风俗、旅游与交通、人类与自然、民族与社会、语言与文字、名人与历史、文学与艺术。和其他三部教材主要针对成人学生不同，《加油》针对美国中学生，没有太多涉及经济生活、婚姻爱情等方面的话题。

《加油》的话题设计以学生语言应用能力培养为目标。"体育与健身""饮食与服装""学校与家庭""旅游与交通"四个单元的大部分课文都是围绕学生日常生活展开的。"体育与健身""饮食与服装""学校与家庭""旅游与交通""语言与文字"单元的交际话题注重通过学生视角组织文本内容，增加了话题的亲切感和趣味性。

在范围上，《加油》上册主要围绕学生日常生活展开，下册扩大到了民族、历史、文学等文化主题，使学生更多地接触中华文化元素，并和自己所熟悉的文化进行比较。

综合不同时期国际汉语教材的话题处理以及话题选点，可以看到，新时期的教材布局广泛，话题选点贴近学生生活，注重从学习者认知心理出发，挖掘容易引发学习者的情感共鸣和讨论兴趣的话题。

第四节　话题的综合处理

一、文化视角与话题处理

1. 本土视角与国际视野

本土视角是指多从地域性的、个人体验出发组织世界知识。教材编写时过于依赖本土视角，对话题处理不利。赵金铭（1997）指出"（教材）纯中国视角可能造成学习的心理障碍"。

在世界多元文化交融并存的背景下，善于从文化交流发展视角讲述日常生活以及社会生活的故事，对于教材话题处理十分重要。

《国际汉语教学大纲》2008年版的"话题建议表"，有的突出"中国视角"，2014年修订版更多地体现了国际视野下的文化内容组合。比如，2008年版中"政治、历史与地理"的次类为：中国政治结构、中国政策、中国外交、中国法律、中国历史、中国地图、中国江河、中国行政区划、中国邻国等。而2014修订版将"政治、历史及地理"改为"社会"，内容为：国家政治、国家经济、国家外交、国家政策、国家法律、国家历史、国家文化、国家行政区划等。相较而言，2014修订版突出了国际视野下的话题选点。

美国AP中文课程概要强调内容组织选择的国际视野，认为教学内容应该在全球背景下，根据中国人对于世界文明的贡献，介绍相关重大历史名人、重大文化产物和重大文化主题，主张学生应该在国际视野下学习中国的政治、经济、环保等重要内容。

再看其他外语教学大纲，以教育部发布的《普通（高中、初中）英语课程标准（实验）》课标为例，其"历史与地理"类别中包括中国历史、世界历史、历史事件、历史人物四个小类，"社会"大类包括国家与人民、当代名人、法律法规……宗教与文化、习俗与文化等小类，体现了国际视野下的话题组织。

而国际视野下的话题选点，既可以讨论全球化背景下的政治、经济、环保等全人类共同面临的重大话题，也可以讨论中国政治、经济、环保等问题及其与世界的关系。

在教材话题设计上，具有国际视野、多元文化包容性，并善于讲述中国故事，对于教材综合水平的提升十分重要。

2. 文化双向交流视角

文化双向交流视角有两层含义。一层含义指话题组织选点过程中，既要考虑反映中国文化习俗、观念的内容，也要考虑学习者母语文化中的习俗与文化背景方面的内容。另一层含义是指话题组织选点体现了文化比较或文化的交流沟通，能够促进批判性思维（Critical Thinking）的培养。赵金铭（1997）提出教材中应取双向文化的态度，介绍本土文化，亦应旁及他人。

从话题选点布局层面来说，文化双向交流视角与国际视野不同。前者强调选择与中国文化背景有关的话题同时，兼顾学习者熟悉的、反映自身文化背景的话题，加强文本的批判性思维（Critical Thinking）内涵。而国际视野突出话题选点的宏观视野以及对多元文化的观照。

在外语教学中,课堂言语交际采用的语言媒介往往是目的语形式,学生在语言水平上处于劣势地位,会产生焦虑和无助的感觉。如果让学生利用目的语表达母语文化中熟悉的话题或是与自我体验关联紧密的话题,学生便容易与人积极交流,表达观点,展现个人的知识、能力与个性,提高学习兴趣。文化双向交流视角下的教材设计,话题涵盖学生的母语文化内容,让学生有话可说,降低中文表达的焦虑感,可增强其言语交际的动力。

在外语教学中,教师因熟练运用目的语而掌握了大部分话语权,处于话语强势地位,有可能降低学生的话语积极性。通过适当的交际话题设计,让学生掌握话语权,有助于缓解学生学习目的语文化时可能的"失语"状态,学生从纯粹的聆听者变为叙述者,可以提升他们在言语交际中作为信息贡献者的地位,进而促进课堂双向或多向跨文化交流。

在教材定位上,国别化汉语教材着力规划文化双向交流视角下的话题布局。通用型来华留学生教材的选点,也需要考虑文化双向交流。而以往一些面向来华留学生的教材,大量话题集中谈论来华学生在中国的所见所闻所感,从文化双向交流视角出发,适当增加反映学习者母语文化的话题是很有必要的。

3. 话题设计与处理的平衡策略

(1)文本多样性及话题的平衡性

教材所提供的具有完整语义内容的文本,形式上可以是课文、副课文、练习中的短文本等,其中课文为课堂言语交际提供了基础性材料,是教学主要交际话题的来源。原则上,教材应考虑课文的语体或文体的平衡性,多样性文本不仅为学习者提供丰富的语言形式,而且能够展现多元化语境及情境,便于课堂言语交际训练。

教材话题设计可以考虑的文本材料类型包括:

A. 文学材料:小说、散文、诗歌、民间故事、诗歌或歌词、戏剧剧本、人物传记等;

B. 应用文材料:报刊内容、政府公告、调查报告、广告、人物简历、书信或电子邮件、旅游手册、海报等;

C. 口语转写材料:访谈内容、演讲稿、交际对答等;

D. 图文配合材料:旅游手册、海报、漫画、地图、照片、日历等,网页内容等;

E. 环境文本材料：便签、机票、车票、电影票、请柬、会员卡等。

传统对外汉语教材重视书面语材料，往往优先选择文学材料和应用文材料，话题设计不作为教材研发的核心要素。新时期的国际汉语教材，应用文材料、口语转写材料增多，图文配合材料、环境文本材料开始出现，为话题表达训练提供了多样化的语言资源。

龙煌汕（2015）对三部西欧经典外语教材（*Sueña*，*Nuovo Progetto Italiano* 和 *New Headway*）进行考察，结果显示，照片、报刊杂志、漫画、书信、电子邮件等是西欧经典第二种语言教材交际话题最主要的材料来源。其他的多样性文本，如人物传记、地图、旅游手册、机票、日历，甚至是会员卡，对交际话题的生成也有较大的贡献。

比较来看，对外汉语教材在语言资源以及话题来源的丰富性、多样化及平衡性方面，还有进一步提升的空间。

（2）话题处理的求新与求稳

教材内容反映社会生活。人类社会生活的热点话题总是不停变换，因此，一部教材出版后如果使用期较长，话题的陈旧感和滞后性往往难以避免。

例如，《桥梁》（陈灼等，1996）是一部应用较广的教材，内容时代感强，但由于生活变化，一些时尚性话题已经滞后了。教材第22课"住宅电话——现代家庭的'宠物'"中提到："目前，许多人在还无力购买商品房、私人汽车的情况下，便把眼光集中在个人电话的消费上"，还有"在安装住宅电话的同时，无线寻呼、移动电话、磁卡电话、传真电话等世界先进的通讯手段也将在中国得到迅速发展"。现在来看，文中提到的不少产品早已过时，教材话题也不可用了。但话题处理时如果换个视角，不谈产品本身，不谈安装住宅电话的高昂费用，而谈电话对于普通人家的意义，谈普通人家安装住宅电话的经历和心情等，或可以增强教材的稳定性，相关话题现在来看也未尝不可。

外语教材话题的陈旧滞后，往往也是对文化内容选择的结果。刘德联（2006）指出，不少教材强调中国的传统文化而忽略了中国的现代生活，由于远离现代青年的时尚生活，以至于一些外国留学生学后抱怨说，课文中所学的词语，在生活中用不上；所了解的文化现象，在生活中看不到。

从国际汉语教材的发展历程来看，早期不少教材重视从传统文化元素中挖掘材料、组织话题，话题不反映时代关注。进入21世纪后，许多新教材的话题时尚感显著增强。刘德联主编的《时尚汉语》（2006）在"人与动物""大众心理现象"等单元主题中设置"宠物救助""偶像与明星""星座、血型与性格"等交际话题，反映社会热点。编者也布局了运动、饮食、娱乐、消费、人际交往等稳定性话题。话题的"新"与"稳"结合很好，如运动方面谈刺激而新鲜的徒步旅行、潜水运动和时髦的健身房锻炼，饮食方面谈素食时尚与绿色食品，人际交往方面谈信息时代的交往方式、手机在日常生活中的任务等。

《加油》的编写实践也说明话题的"新""稳"结合很重要。《加油》上册谈到话题人物姚明。对中学生的话题兴趣调研显示，不少学生谈到姚明时，对其身高、中国背景、打球天赋等频频被各种媒体提及的内容比较厌倦。"姚明"确实是热点话题，但热度也是容易减退的。《加油》的处理方式是，从姚明的敬业精神切入话题，将新闻人物的"新"和敬业精神的"稳"相结合，教材处理获得了积极反馈。

在话题实时更新、保持交谈内容的时代感方面，新兴的网络教学资源有很大优势。以汉语教学网站 ChinesePod[①] 为例，网站从 2005 年成立到现在，已经积累了近 4000 课书，这家网站的课程内容一直在快速更新，话题紧扣中国或世界范围内的最新热点问题。

综合来看，对教材进行话题综合处理时，既要注意发掘有时代感的话题，也要注意判断话题是否具有稳定性。教材编者可尝试从不同的视角切入材料。要考虑到即使具体事件过时了，内容中是否包含有生命力的讨论题，可以延长相关文本的使用寿命。

（3）话题处理的积极与消极情感表达

情感态度在《国际汉语教学课程大纲》"话题表"中是一个独立的类别，具体包括"爱、恨、喜欢、不喜欢、高兴、不高兴"等项目。

教材文本的情感态度可以在句子、对话、语段、语篇多个语言层级中体现出来。比如"购物"是一个重要的交际话题，相关文本多多少少都会表现喜欢或不喜欢、抱怨或感谢等情感态度。在交际过程中，情感态度的发生可以分为自我内在的情绪反应、由外在事物引起的情绪反应两大类型。

由外在事物引起的情绪反应常常包含一定的评价态度。我们将凸显积极情绪及评价态度的内容统称为积极情感表达，凸显消极情绪及评价态度的内容称为消极情感表达。

国际汉语教材在文本语义处理上应该重视积极情感表达话题与消极情感表达

[①] 网址为：http://www.ChinesePod.com。

话题的组合平衡。如下面这篇课文：

　　……

　　林娜：不疼了。可是胳膊这么弯着，写字很不方便。上星期我汉字没有考好，现在又撞伤了胳膊，<u>真倒霉！这两天都是坏消息。</u>

　　马大为：别着急，我有一个好消息。

　　林娜：什么好消息？

　　马大为：上星期六晚上，我的自行车被小偷偷走了。

　　林娜：自行车被偷了，这是什么好消息？

　　马大为：你听着，来你这儿以前，派出所给我打了一个电话，让我去一下。

　　林娜：你去派出所做什么？

　　马大为：小偷被抓到了，我丢的车也找到了，现在在派出所呢。你说，这是不是好消息？

　　林娜：<u>是个好消息。</u>

　　陆雨平：<u>真应该祝贺你！</u>

（《新实用汉语课本》第 2 册第 25 课 "司机开着车送我们到医院"）

这篇课文中的消极性内容和积极性内容平衡较好。

教材话题处理情感表达的平衡，可以考虑以下方面：

A. 社会语言生活的构成。在日常生活中，饮食、出行、旅游、购物、娱乐、交友、学习等交际过程总是伴随如意或不如意的情况，或许让人高兴、喜欢、感动、赞成，或许让人难过、讨厌、冷漠、不赞成，或许让人欣慰、满足，也或许让人焦虑、困惑、嫉妒、生气、吃惊、难过、尴尬。如果教材总是反映顺利的交际过程，呈现积极的情感评价，回避交际过程中种种不顺利，不涉及消极负面情绪，就难以反映语言生活的真实状况，导致学习者缺乏必要的言语输入，进而在语言应用中处于失语的状态。其实，学习者需要知道在具体情境下如何表达焦虑、抱怨、不满，一些消极评价或情感表达与交际生活中急需解决的事情有关，常常是不得不说的。教材处理需要适当增加消极情感表达方面的内容输入。

B. HSK 出题导向。杨丽姣、肖航（2015）对国家汉办发布的 HSK 真题文本语料进行研究，标注句子的情感倾向以及评价态度，涉及 HSK1 级至 6 级的 66

套题中的 19039 个句子。结果显示，在全部句子中，包含发话人情感倾向的句子为 1480 个，占总量的 7.77%，这 1480 个句子中包含"爱、感动、关心、安慰/鼓励、期待/期望"等积极情感的句子占 54.52%。包含"恨、讨厌、难过/悲伤、遗憾、生气、吃惊"等消极情感的句子占 45.48%。此外，包含发话人评价态度的句子有 1723 个，占总量的 9.05%。这 1723 个句子中，消极评价的句子占 25.7%（主要是不满意、不赞成），积极评价的句子占 71.6%（主要是赞同、满意），中性评价的句子占 2.7%（不置可否）。

HSK 真题语料中，包含消极情感和积极情感的句子的数量接近。消极评价略少于积极评价，但二者相差不是十分悬殊。

以上分布统计与对于教材相关话题文本处理有很好的启示作用。

小结

布局是对一个事物的综合规划和安排，是在事物兴起前需要综合考虑的问题，能够影响事物的走向。在教材设计上，话题布局选点与综合处理策略对教材的整体面貌产生重要影响，从教材文化内容与语言形式的关系来说，话题选点一旦确定下来，话题热点词、部分表达式或语法点安排也受到影响。

文化视角与话题综合布局的关系主要表现在两个方面：一是教材框架话题、单元主题布局受大纲或课程文化视野的影响；二是教材交际话题的选取、组合及切入角度与编者的文化视角密切相关。

话题处理的国际视野和文化双向交流视角，以及开放、包容、自信的文化心态，有助于教材编写综合人文内涵的提升。

话题处理要考虑各种要素的协调平衡，既要挖掘传统文化要素，也要善于发现新的文化热点。同一类话题的不同侧面的资源应用价值不同，要综合权衡。

从学习者话题兴趣调研来看，挖掘与学习者生活体验密切相关的话题点，是教材话题选取和组合的重要策略。

教材话题布局还涉及其他问题，比如，话题的螺旋式循环，相关内容将在后面的章节中作讨论。

参考文献

1. 陈灼.桥梁——实用汉语中级教程［M］.北京：北京语言大学出版社，1996.
2. 孔子学院总部，国家汉办.国际汉语教学通用课程大纲［M］.北京：北京语言大学出版社，2014.
3. 刘德联.时尚汉语［M］.北京：世界图书出版公司，2006.
4. 欧洲理事会文化合作教育委员会编，刘骏、傅荣译.欧洲语言共同参考框架：学习、教学、评估［M］.北京：外语教学与研究出版社，2008.
5. 杨丽姣.面向美国中学生汉语学习的问卷调查分析与思考［J］.语言文字应用，2006（S1）.
6. 杨丽姣，肖航.面向语义搜索的语料库语境信息标注研究［J］.语言文字应用，2015（1）.
7. 赵金铭.对外汉语教材创新略论［J］.世界汉语教学，1997（2）.

第四章 话题以及话题处理的理想化特性

　　成套系的综合性教材，话题选择范围广泛，世界风云变幻、日常柴米油盐各种故事都可能成为教材文本材料。在处理上，不同文本内容只要有利于学习者说明观点、发表评论、表达情感，有效促进学习者接触各类交际情景，引发讨论兴趣，顺利进行言语交际，都可以作为话题的选点。不过什么样的话题更理想，更适用于不同对象，以及不同的教学目标呢？我们认为，可以从宏观、中观以及微观三个层面来考虑，涉及话题处理的原则以及具体操作。

第一节 话题处理的三个层面

一、宏观层面

　　话题设计与处理首先要考虑宏观上的科学性和系统性。
　　科学性要求话题选择与处理应当符合语言教学基本规律，例如，话题编排要注重循序渐进，可从学习者熟悉的家庭生活、校园生活扩展到社会生活，再扩展到文化比较、国际视野等更宏观的层面。
　　系统性要求话题选择与处理时统筹考虑框架主题/话题、单元主题/话题以及不同类型的交际话题，意念框架性话题与交际话题相互呼应，文本性话题与问题导出性话题互相配合，形成一个有机的整体。
　　科学性和系统性也是教材编写的一般原则。其他如中观层面的特性，如话题针对性、文本难度和话题复现等，若处理得当，可促进话题处理科学性和系统性的提升。

二、中观层面

主要指话题设计的针对性、实用性、阶段性和复现性。

话题设计需要综合考虑教材类型、教学对象、教学目标、使用区域等一系列外在环境因素,要有针对性和实用性。同时,需要考虑话题的在不同学习阶段或不同语境中的复现,话题复现可以使学习者,巩固词汇学习,拓展话题讨论的深度,提升综合语言应用能力。

三、微观层面

话题处理的微观层,涉及文本处理技巧,指通过综合处理,使文本具有开放性、思辨性、体验性、新知性、趣味性特征,更好地为课堂交际与话题表达训练所用。

这些特性蕴含了对学习者认知心理的充分关注,可为课堂交际注入驱动力。以往研究虽然多少提到上述特性,但很少从话题设计与处理的角度进行观察。

话题设计与处理的结果一般不会同时涵盖所有特性,只要根据教学对象凸显其中部分特性,就有可能获得不错的效果。对于话题以及话题处理的特性,本章主要讨论中观层面的针对性、实用性和微观层面的开放性、思辨性、体验性、新知性、趣味性,宏观层的系统性问题在本书第三章已经涉及了。

第二节 话题设计的针对性与实用性

一、针对性

针对性不只是话题设计和处理方面的问题,还常被作为教材编写的基本原则来讨论。(杨石泉,1991;任远,1995;赵金铭,1998;李泉,2004等)事实上,只要考虑到教材使用对象,针对性就是需要关注的中心问题之一。在针对性方面,面向小学、中学和大学编写的汉语教材,在学习起点、目标要求、话题选点与范围、教材难易程度、规模容量、教学方法等方面都有显著差别。

话题处理的针对性可以从四个方面来讨论：（1）话题选点要适合学习者的自然特点和社会特点，包括学习者的年龄、性别、职业、身份、国籍、母语、文化背景、价值观念、兴趣爱好等；（2）话题内容要适合学习者的目标需求和学习需求，包括适合其学习目的、期望达到的汉语水平、未来运用汉语与人交际的形式及范围，也要适合学习者的学习兴趣、学习动机、学习习惯、学习方法，以及对汉语和中国文化的情感态度；（3）话题中的文化语境要切合语言学习环境，包括考虑学习者是在中国学习还是在国外学习，在学校学习还是自学，是汉字文化圈的学习者还是非汉字文化圈的学习者；（4）其他相关因素，要考虑学习者是属于长期进修还是短期学习，学习的时限、周学习次数、现有汉语水平、自身文化水平等等。

下面以学习者文化背景及年龄针对性为例进行说明。

在话题选点上，综合性教材和定向教材有不同的取向。综合教材往往立足中华文化，关联多元文化元素，进而设计话题。定向教材往往兼顾与中华文化学习者母语文化中的重要话题，例如一些在美国地区使用的中文教材中的"选举"话题。在美国，选举文化渗入百姓日常生活的方方面面。加州洛杉矶小学三四年级的孩子选举自己的学生会主席；小学二年级数学题要求计算投票评选出来最受欢迎的水果；学校举办的许多活动是否可以募款，由家长会投票决定；社区公共用地要改变用途要社区居民通过投票磋商决定。因此，定向美国使用的中文教材的"选举"话题与其社会文化背景是分不开的。

又如，在学习者的年龄针对性方面，早期一些教材中曾出现过幼稚化倾向。有人甚至提出，教外国人没有学过的内容时，也可以像教小孩子一样从头教，并且把小学一年级的课文找出来，从第一课开始教。这显然和第二种语言学习理论对学习者认知心理的认识是相悖的。成年人学习语言的过程与少儿学习语言的过程并不相同。成年人有成熟的逻辑思维能力，可以借助已有的知识经验进行有效学习。如果教材编者不能针对使用者的年龄特点及知识背景进行话题选点与处理，其结果只能是挫伤使用者的学习积极性。近二十年来，对外汉语教材的话题幼稚现象已大为改观。

比如下列关于教材针对性的真实案例，在美国东部的一所初中，教师选用了与学习者年龄不匹配的教材，初中生们不得不讨论其他年龄学习者关注的话题，教学效果不理想。这个案例中，学生们使用的教材是《新实用汉语课本》，而《新实用汉语课本》是为成人或大学生设计的通用型综合性汉语教材。这些初中生不得不讨论"如何租房"等话题。学生的反馈很容易理解：教材中的很多话题不是他们关注的内容，课堂讨论也就无趣。尽管这个案例具有个别性，但从中可以看到，年龄针对性对于话题处理是十分重要。

以下两部定向教材的话题设计体现了年龄针对性。《汉语》(Peter Chang,etc, 1992)的话题包括家庭、朋友、宠物、数字、体育运动、学校课程、穿名牌衣服、看电视、电影、比赛、做菜等，是中学生喜闻乐谈的内容。《中文听说读写》（姚道中等，2006）第 1 册有见面问候、介绍家庭、上中文课、谈爱好、谈天气、买东西、租房子以及上网、发邮件等话题。第 2 册除生活内容外，增加了反映社会问题的话题，例如中国的节日、男女平等、健康保险、枪支与犯罪、环境保护等，这些内容是大学生所关心的话题。

《幼儿汉语》（彭俊，2006）话题设计的年龄针对性处理很有特色。这部教材的话题范围随着幼儿的活动范围逐步扩展，体现了少儿由浅入深的认知心理。具体话题包括：饮食起居、学习娱乐、人物称谓、行为动作、事物名称、颜色形状、生理感觉、心理意愿，以及对处所、时间、空间、数字的简要认知等。

台湾"侨务委员会"为发展美国中小学华语教育，于 2009 年选取适合中文教材编写的一些话题，对包括中文学校以及主流 K—12 全美中小学中的汉语教师进行了主题重要程度问卷调研。根据调研结果，汉语教师对各学龄学习者的课文主题重要性的排序如下：

（1）幼稚园：家庭、数字、颜色、食物与饮料、问候语、身体部位、星期、时间、人物、年月份、节庆、季节；

（2）小学：家庭、数字、问候语、食物与饮料、身体部位、时间、人物、节、颜色、节庆、年月份、星期、休闲活动、运动和嗜好、学校用语、居家及设备、交通工具、感官、天气和自然、地方及位置、称谓语、人格特质、衣物及饰品；

（3）中学：家庭、食物与饮料、数字、休闲活动、时间、问候语、运动和嗜好、节庆、人物；

（4）高中：家庭、问候语、食物与饮料、数字、运动和嗜好、休闲活动、节庆、时间、人物、星期、身体部位。

这个调研结果显示，如果对不同年龄青少年的话题兴趣有更好的把握，教材的话题处理可以做得更精细，更有针对性。

二、实用性

刘珣曾经把国际汉语教材的编写原则概括为"五性"[①]，实用性是关键性原则。话题的实用性是指教材内容从学习者的表达需要出发，语言材料来源于生活，便于课堂言语交际训练。

从汉语教材发展历程来看，上世纪不少广泛应用的中高级教材曾倾向于采用名家的文学作品作为课文篇目。文学作品提供了经典范文，对学习者阅读、写作能力的培养非常必要，但是不少选文的话题难以引发讨论，距离实际生活远，在教材中所占分量比较大，对教材整体的实用性带来一定影响。例如，《中级汉语教程》（陈灼等，1987），大量课文是文学作品，《汉语中级教程》（杜荣等，1992）课文主要来源于文学性文章；《高级汉语教程》（姜德梧等，1990）主要课文和阅读课文都是文学选文；《实用汉语高级教程》（倪明亮等，1996）课文主要来源于文学作品，少量是政论性文章。如果文学作品选文数量太多，必然降低文本性话题的实用性。

《中文听说读写》（姚道中等，2006）在培养学生的交际能力和语言运用能力上具有鲜明的特色，其话题设计贴近学习者的日常生活，实用性强，使学生从中学到有用的词语，进而引发学生说话、讨论的兴趣。这部教材至今已经修订至第四版，显示了较好的生命力。

《中文》（李润新，2006）的编者提到，以往对外汉语教材中千篇一律有"你好"这样的话题，根据对泰国小学生的调研，发现这个话题并不能引起学生的兴趣。因为在泰国小学生的现实生活中，这样一种带有社会性的交际用语和他们的生活没有太大的联系，"爱的教育"类话题才是和他们的生活密切相关的。因此，《中文》设计了"我爱爸爸""我爱妈妈"这样的句子及话题，受到学生和家长的普遍欢迎。

---

① 参见刘珣.对外汉语教育引论［M］.北京：北京语言大学出版社，2000。

第三节 话题的开放性与思辨性

一、开放性

话题的开放性有两个特征:一是话题可以被分析出许多个不同的侧面,二是话题的各个侧面可供讨论和表达观点。话题的开放性有助于学习者联系自身的生活经历和生活体验,激发他们的表达欲望和学习兴趣。

《汉语中级口语教程》(杨寄洲、贾永芬,2007)下册第6课"遇到突发事件怎么办"聚焦"突发事件",通过两个人物的对话,谈论了钱包被偷、意外落水、楼道着火这几种意外情况下人们应该如何应对的问题。

"突发事件"属于典型的开放性话题,有很多细精度的话题侧面。小到个人财物被盗、发生意外伤害,大到地震、海啸、飓风等自然灾害,甚至可以说,凡是悖离人们美好愿望的、给个人及所属的群体带来伤害的意外事件都可能属于突发事件的范畴。对这样的话题,每个人都可联系自己的相关经历,表达个人的体验、感受和观点。

而所谓话题侧面,以突发事件中的"地震"为例,这个话题也是开放性的,就地震事件本身来说,地震发生的原因、发生的前兆、发生时人们的心理状态和表现、救援的开展以及面临的困难、社会各界怎样为受到伤害的人们提供帮助等都可以作为话题。可以从文化比较视角切入话题,比如谈不同国家的人们面对灾难时的不同反应、历史上的同类事件、新闻媒体如何报道或跟踪这一突发事件、国家机构或政府部门如何应对事件、事件反映了什么样的人际关系等。

在话题设计方面,开放性不是孤立的,要与其他特性,特别是与针对性、体验性结合。编者需要从针对性出发,考虑不同年龄学习者的认知心理,仍以"地震"为例,对于低龄孩子,不妨以地震中动物的反应作为切入点,对于成人,可以比较不同国家面对灾害时的不同反应。如果不能很好地结合话题的针对性、实用性、体验性等特性,教材或不利于学习者联系自己的经验进行言语交际互动。

在以往一些教材中,部分话题的开放性不足。比如《桥梁》第1册第5课"话说'面的'"就有这样的特点。"面的"是上世纪90年代在北京出现过的当出租车使用的交通工具，昙花一现、充满地域特色，并且很快过时，这个话题不利于学习者联系自己熟悉的经验交流互动，话题的开放度不高。

二、思辨性

关于话题的思辨性，赫奇（Hedge，2002）认为外语教材话题选择一个成功的秘密是"选择那些引起热烈争论但不具有伤害性的话题，在智力上有启发性但是不能太高深，比较大众化但不是太平白无味的话题"。其中，"热烈争论但不具有伤害性"可以理解为话题的思辨性。也就是说，话题内容可启发学习者的思辨和争论，有利于发展批判性思维（Critical Thinking）能力。批判性思维是对事物本质做出独立判断的精神特质，是创造力发展的源泉，在欧美学校教育人文精神培养目标中具有重要地位。上世纪80年代，美国教育家欧内斯特·博耶提出了美国中学教学的四大目标，其中第一条便是帮助全体学生发展批判性思维，促进学生的有效言语交际。

富有思辨性和批判精神的话题往往容易引发学生的好奇心和讨论兴趣，从而促进课堂言语交际的开展。脑科学的研究表明，好奇心是一种能够引发心理注意的独特生理状态，能够激发学生学习和记忆时积极的身心反映。与此同时，如果学生乐于就相关话题与人交流，教师的思维状态也容易被激活，更专注于教学活动实施，有助于完成既定的教学目标。

在话题的思辨性特征方面，由周质平主编、普林斯顿大学出版的系列汉语教材（以下简称普大版教材）在同一时期的汉语教材中比较突出。普大版教材注重选择并善于处理有争议性的话题，通过争议性话题激发学生的学习和讨论兴趣。

普大版中级和高级教材中，思辨性话题选点非常密集，编者常借外国学生初到中国的观察和体会来表达意见，《华夏行》（1995）、《中国啊！中国》（1997）以及《新的中国》（1999）都体现了这一思路。以《新的中国》为例，编者将当时的中国与改革开放之前的中国做比较，体现了话题的思辨性：第20课"从'没有'到'有'"，表现计划经济时代与市场经济时代中国服务行业的变化；第27课"离婚"，谈如何辨证看待新时期中国的"离婚潮"；第30课"老年人的生活"，谈如何辨证看待中美两个国家老年人不同的生活方式等。

在高级阶段，普大版教材重视论说文的选择，话题的可争论性得以进一步加强。在《现代汉语高级读本——中国知识分子的自省》一书的前言中，编者谈到：

> 这本教科书与坊间现有教材最大的不同是：在内容上，不是文学作品选读，而是偏向于思想史的论说文。时下美国三年级以上的对外汉语教材，绝大多数是文学创作，亦即近代或现代短篇小说选读。（而我们的教材）主张由小说转向论说文；主张由有抒情的叙述转向充满争议的批评，（因为）争议是引起讨论的基本原因，四平八稳的不带多少意见的文章是引不起话题来的；在意见上，我们不避极端，越极端越能给学生以深刻的印象。……以往论说文之所以不受语言教师注意，有一部分是受了错误观念的影响，常把"严肃"与"枯燥"或"无趣"联想在一起，似乎严肃的文章绝对引不起学生的兴趣。其实论说性质的文章，主题明确，有实质的内容，更能确切地反映社会，讨论问题。当然，我们绝不是说，所有的论说文都比小说更适合于作为对外汉语教学的读物。我们只是说，在语言学习过程中，小说有其体裁上的局限，而论说文则不应该被忽视，置于一个次要的地位……

《现代汉语高级读本》的争论性话题如"妇女解放""现代化""自由与爱国"等。

教材思辨性话题的处理手段是综合的，不局限于课文反映的主要话题，可将课前的话题导入、课文后的讨论题综合起来，形成话题群，帮助学习者开拓更多的话题侧面，加深讨论深度。另外，如果编者对中外文化的同与异有较好的敏感性，就更容易捕捉到反应不同价值观、引发学生思考的话题切入点。

仍以普大版教材为例，《新的中国》第10课是民国历史学家傅斯年的文章"所谓'国医'"，利用傅斯年显得偏激的观点，课后的讨论题有三问：（1）在傅斯年看来，中医简直一无是处，你同意这种看法吗？（2）傅斯年是在什么基础上说宁死也不看中医？（3）为什么中国人到现在还相信中医？"中医"是中华文化的重要元素，其相关文化产物、哲学观念和文化现象特别容易引发学生的讨论。教师可以通过教材提供的文本性话题、非文本性的讨论题，有效组织学生的话题讨论，引导学生以科学、客观的态度看待中医文化，并达到语言应用能力训练的目的。

第四节　话题的体验性、新知性和趣味性

一、体验性

话题的体验性是指教材话题选点能够激发学习者对自身或熟悉的生活经历的回忆与感受。体验性强的话题易引发学习者的情感体验和精神共鸣，提高其注意力和认知兴趣，以及参与讨论的热情。

心理学研究认为，人们常有一种自我服务（Self-Serving）的倾向，而且有一种固执的自我中心主义。我们喜欢与自己相关的事物，还包括潜意识中与自己有关的人、地方和其他东西。拿对姓名的偏好来说，曾经有统计数据显示，在美国加利福尼亚州（California），姓Cali开头（如Califano）的人占更大比例，在2000年的美国总统大选中，姓以B开头的人大都支持布什（Bush），而姓G开头的人大都支持戈尔（Gore）。与之相应，教育学中有所谓的"近体原则"，即教学过程中应该尽可能缩小教与学之间的差异，比如缩短双方在时间或空间的距离，缩小心理和情感等方面的差异，可以在有限的时间内达到更为满意的教学效果。

"近体原则"也适用于教材的话题设计与处理。教材编者应该尽可能掌握教材使用对象的心理状况、年龄层次和认知水平，缩短教材话题与学生现实生活之间的时空差距，以及心理和情感等方面的差异，通过与学习者自身体验相关的人或事物引起他们的注意及讨论兴趣。

话题的体验性与实用性不同。实用性着眼于"真"，话题内容要反映普通大众真实的生活内容与生活愿望。体验性着眼于"情"，话题内容要有代入感，要与学习者生活体验和内心感动相关，让学习者更容易参与话题讨论，甚至不吐不快。

体验性话题可以分为事件体验型和心理体验型两类。

前者是指选取特别是与学习者有关的社会或日常生活事件，以这类事件为背景设计的话题。《加油》课后练习"交际厅"部分，每课为学生提供一个能够充分调动学生经验、便于讨论的话题。以下册为例，第11课要求学生根据自己的亲身经历或听说过的自然灾害情况，说明学生自己是如何面对灾害的，在紧急情况下应该怎么办；第14课要求学生回忆成长过程中的一件遗憾的事情；第16

课要求学生选择身边熟悉而又感兴趣的事物，比如校徽、球队标志等，说明它的象征意义。这些话题设计便于学生们联系个人经历表达情感，激发其话题讨论热情。

后者是指能够抓住学习者的身心发展特点，选择学习者最关注或最容易产生情感共鸣的话题。比如亲子交流问题，不少青少年成长过程中都会经历叛逆期，和父母的沟通出现困难。亲子关系话题的处理，只有触动学习者的内心，才能让学习者乐于表达内心体验，参与言语交际互动。

无论是谈事件体验还是谈心理体验，都有积极情绪表达和消极情绪体验两个方面。话题设计时不必只关注正面的、积极的情感表达或者顺利的交际事件。其实，社会心理学研究认为，在日常生活中，坏事常常比好事更有影响力，而且影响更持久。即使我们天性乐观，也更容易想起过去那些引起不良情绪反应的事情。日常生活中发生的坏事比好事更能引起人们的注意和思考，比如，丢了钱给人带来的不安常常远胜于得到同样多的钱带来的快乐等等。

从日常言语交际的表达需求来看，学习者需要表达不如意、不乐意、遗憾、生气、难过、忧伤等消极性情绪。一些教材关注到了这一点，比如《长城汉语·生存交际》（马箭飞等主编，2005）第4册的课文涉及HSK考试压力、北京工作压力、出境手续办理不畅等"负面"情绪和不如意事件，第6册课文涉及电脑中病毒、电梯坏了、手机没电等生活中的小意外。这些反映不如意的事件，以及"负面"情绪的话题反而受到学生的欢迎。

二、新知性

话题的新知性有两层的含义：第一层含义指含有未知知识的文本内容给学习者带来认知上的挑战；第二层含义是有新奇感、有知识性的文本内容更容易激发学习者的好奇心和认知兴趣。

现有一些教材的内容，对学习者而言，语言形式上有难度，但在认知上并不提供新的知识。比如"今天天气好吗？""很好！""请问学校怎么走？"等等，只是提供了基础词汇和语言结构。所谓教材的幼稚化倾向，常常是话题内容缺乏新知性导致的。

在教材处理上，采用不同情境中符合不同人物身份的语言表达，注重相同话题不同的文化视点，运用多模态材料整合手段，将图片、照片和文字有机结合起来，这些手段都可以增强话题的新知性。

三、趣味性

趣味性是指教材文本内容给学习者带来愉悦、有趣的体验，趣味性主要是就来源于文本的话题而言的。趣味性的获得与人们的心理过程及心理状态相关，什么样的话题容易带来趣味性，很难有统一的标准。

话题趣味性不强曾经是传统对外汉语教材的通病。根据高彦德、李国强等（1993）在《外国人学习与使用汉语情况研究》一文中的统计，63部被认为有缺点的对外汉语教材或工具书中，被认为"内容无趣"或"内容不好"（内容过时，不实用等）的共33部，占总数的52.4%。内容趣味性差是除文化、文学教材外大部分教材的突出问题之一。黎天睦（Timothy Light，1987）对比分析耶鲁大学出版的汉语教材与国内开发的外向型汉语教材后认为："（耶鲁教材）的长处是书的内容比较有趣。一般来说故事写得不错，学生很感兴趣，虽然也许在语法方面不大理想，或者练习不够活，会话太长，有的不自然，可是学生学这些书都觉得有趣味。"

如何让话题体现趣味性？通过增加幽默笑话不一定奏效。赵贤州（1987）认为，以往有的编者为了增强教材的趣味性，在教材中选编一些笑话，然而这种做法并不能真正提升教材的趣味性。

趣味性需要从语言特色、话题处理以及其他综合因素来考虑。第一，内容生动形象，语言有幽默感是话题具有趣味性的重要特征。第二，具有想象力、启发性、娱乐性、富有心理冲击力的事件往往增强话题的趣味性。第三，实用的、开放的、富有思辨性的文本内容都可以增强趣味性。

趣味性是一部教材整体上体现出的一种轻松、宽容、幽默的品味。

趣味性与教材的文化视野有关，在话题处理上强调文化弘扬观或宣传教育观，没有文化比较、反思，没有对人情世态的体察，话题难免令人乏味。相反，如果编者深入了解中华文化的特色，以开放的心态审视文化的多元性、动态性和相互渗透性，有跨文化敏感意识，了解中国文化和其他文化的同与异，善于从不同角度解释多元世界，相信可以提升教材文本话题的趣味性。

教学材料形式多样化、来源多元化、生活化也是实现话题趣味性的重要途径。

目前，国际汉语教材的课文语体，以对话、撰写或改编的日记、散文、事务性应用文（如请假条），以及论说文、说明文、小说等为常见。漫画、绘本、广告、游记等图文并茂、生动活泼的语体形式比较少见，来源于电视访谈、演讲稿件、微博、推特、脸书等现代媒体、富有时代感和真实生活气息的语料非常缺乏。

教材编写时，语体形式多样化，语料来源多元化，并增加真实语料的分量，可增强话题的趣味性。然而，百分百的原汁原味在教材中很难做到，为了实现语言教学目标，编者需要对材料进行改编，改编时应尽量保留文本的趣味性。

小结

教材话题及话题处理的理想化特性是一个涉及面较广的、具有一定主观性的属性体系。

一定语义单位反映的话题不可能同时具有针对性、实用性、趣味性等所有特性，无论是教材研发还是教学实践都只能凸显部分特征。理想化特性是相互关联，相互补充的。比如，实用性和针对性相关，但不能因强调实用性而取消针对性。思辨性和开放性有关，但二者不能相互替代。趣味性是综合特性，实用性、开放性、思辨性、体验性都有助于提升教材的综合趣味。话题的开放性、思辨性、体验性、新知性、趣味性等综合起来，可以更好地激发学习者的情绪情感状态，实现有效的课堂言语交际互动。

参考文献

1.［英］Hedge, T. *Teaching and Learning on The Language Classroom*［M］.上海：上海外语教育出版社，2002.

2.Peter Chang, Alyce Mackerras, Yu Hsiu-Ching.*HÀNYǓ*［M］.*South Melbourne Australia: Addison Wesley Longman Australia Pty Limited*,1992, 1993,1994,1996,1998.

3.蔡雅薰.华语文教材分级研制原理之建构［M］.台湾：正中书局，2009.

4.高彦德，李国强.外国人学习与使用汉语情况研究［M］.北京：北京语言学院出版社，1993.

5.李泉.论对外汉语教材的针对性［J］.世界汉语教学，2004（2）.

6. 黎天睦，张占一. 国对外汉语教学印象记［J］. 世界汉语教学，1987（1）.

7. 任远. 新一代基础汉语教材编写理论与编写实践［J］. 语言教学与研究，1995（2）.

8. 杨石泉. 教材语料的选择［J］. 世界汉语教学，1991（1）.

9. 赵金铭. 跨越世纪的回声——《汉语语言学世纪丛书》序［J］. 世界汉语教学，1998（3）.

10. 周质平等. 现代汉语高级读本——中国知识分子的自省［M］. 普林斯顿大学出版社，1993.

第五章　话题热点词

在本书中，话题热点词是指话题相关度和使用频率高，同教学目标词联系密切的问题。

在语言生活中，只要就某个话题与人交流，都需要一定的词汇或表达式作为语言构造材料。对学习者来说，高频词语往往是学习的重点，通过教材处理使这些词语在有意义的话题框架中重复出现，可以达到事半功倍的教学效果。对教师来说，课堂话题交际不是漫无边际的闲聊，为了实现具体的教学目标，需要综合考虑词语的教学价值、话题相关度、词语常用度以及重要性如何，然后决定哪些重点讲解，哪些一带而过。

本章基于汉语国际教育动态语料库，在语料库话题标注基础上，抽取话题高频词汇，参照国家汉办组织编制的 HSK 词表（2012），以及《汉语国际教育用音节汉字词汇等级划分》（2010），结合汉语口语高频词及高频语块的相关研究，分析国际汉语教材热点词汇的特点及教学效率。

第一节　汉语国际教育动态语料库概况

汉语国际教育动态语料库（以下简称"动态语料库"）是北京师范大学中文信息处理研究所在科技部 863 项目"海量文本多层次知识表示及中文文本理解应用系统"课题以及国家语委科研项目"语言资源建设规划研究"[YB125-124]支持下开发的语料库，第一期以经典国际汉语教材为主要采集对象，并且收录了国家汉办发布的新 HSK 真题文本语料。语料库目前仍在做三个方面的工作，一是扩充新的教材语料，二是建设口语语料分库，三是扩充难度适中、经过人工干预的网络语料，从具有多元文化视角的媒体、报刊上采集语料，扩充进入语料库。

一、教材的选择原则

动态语料库第一期采集了国际汉语经典教材 197 册，新 HSK 样卷文本语料 66 套，共计 141464 个句子，2472115 词次。教材的选择原则如下：

（1）总体选材。综合考虑教材类型、适用水平、出版年代、影响因子等属性特征。

（2）教材类型。以通用型、综合类教材为主，也补充以听、说、读、写单项技能训练为主要目标的教材，少量专门用途教材（如医用汉语、商务汉语、旅游汉语教材等），以及反映特定领域的教材用语面貌的其他文化教材。

（3）时间分布。以 2000 年以后的教材为主，并收录少量 1960 至 1990 年代的经典教材，以供历时考察比较的需要。

（4）水平分布。要求初、中、高级的教材达到均衡分布。

动态语料库构建了多义词、语法点、话题、交际功能等多维度信息标注框架，以获取语义、语法、语用多维度综合语言信息。本书多个章节利用语料库话题标注结果，进行数据统计和分析。

二、话题标注框架

话题是观察人们精神与物质文化生活的窗口，在第二种语言教学中，对话题类别及特征的判断有多种可能，反映了特定的语言文化视角。

动态语料库的话题标注框架参考国内外多种汉语作为外语教学大纲及话题内容建议，结合近 20 部经典汉语（第二种语言）教材的语篇话题和文化内容选点统计，设定了语料库话题标注的初步框架。再经过约 2 万句教材语料的标注反馈，作进一步的修改，逐步形成了语料库话题信息的标注框架。

框架设三级节点，一级节点相当于教材的框架话题，共 5 个封闭节点，二级节点相当于单元主题，共 23 个封闭节点，三级 100 个以上半开放节点，表示语篇或语段层级的话题。话题标注框架从人物或事物的基本信息开始，逐渐扩展到与日常行为、社会生活乃至全球视野相关的话题。

标注框架的基本面貌以及节点设置考虑的因素主要包括：话题难度、话题范围与教学顺序、话题的社会学文化学分类、学习者话题兴趣、对教学大纲的综合理解等等。

我们对 122449 句教材语料进行了人工标注，获取了 5048 个语段的复合话题信息，话题三级节点如下表所示。

表 5-1　话题节点表

一级节点	二级节点	三级节点
基本信息	人物（介绍）	人物信息（年龄、国籍、职业……）；家人与朋友；外貌（相貌、衣着）；身体部位；爱好与特长；性格；其他
	事物（描述）	天气与气候；日期；时间；数字；方位；物品属性（数量、颜色、大小、归属、品牌……）；其他
日常生活	餐饮	食物；饮料（茶、咖啡……）；就餐（约餐、订餐、用餐……）；点餐；做饭（买菜、洗菜、做菜……）；餐具；菜谱；其他
	出行	问路；交通方式；票务；住宿事务；出入境；旅游；其他
	购物	买东西（描述/比较商品、询价与砍价）；退货与换货；商品质量；其他
	娱乐休闲	读书；玩游戏；听音乐；看电影；看电视；看演出；看比赛；养宠物；养植物；摄影；下棋打牌；唱歌跳舞；逛街出游；参观（博物馆……）；其他
	时尚	追星；手机通讯；美容与整容；网聊；网购；拼客团购；名牌；流行音乐；其他
日常生活	运动与健康	运动；健身；运动会与比赛；生理健康：受伤，生病，看病，吃药，探病，生活习惯，养生，减肥，怀孕生子，季节变化与生活关系；心理健康：心灵鸡汤，情感/情绪；其他
	家庭与社区	亲情；亲子关系；家庭教育；婚姻生活；社区生活；其他
	日常事务	作息；穿着打扮；打扫卫生；洗衣；洗照片；环境布置；维修；搬家；理发；收/发快递（信件）；借/还物品；办证/卡；计划；意外（迟到、车祸……）；报警；接机；送机；生活经验及常识；丢/还物品；留言；其他

续表

一级节点	二级节点	三级节点
社会生活	学习与成长	学汉语;课程与选课;作业与研究(请教/讨论……);请假;社团及其他校园活动;周末假期;考试;游学/留学;选择学校/专业;奖学金;毕业;校园食宿;学习压力与困难;理想;人物经历;成长烦恼;其他
	人际交往	拉家常;友谊;恋爱择偶(追求、相亲……);师生关系;邻里关系;同事关系; 约会(同学、朋友、恋人等相约);聚会(生日晚会……);请客;做客;送礼;家长里短;其他
	工作职场	职业介绍;个人层面:求职、职业选择、福利待遇、职场生存、加班、工作日程、开会、兼职、出差、休假、创业、晋升、辞职;企业层面:介绍企业/产品、招聘、培训、裁员;其他
	经济生活	个人层面:银行业务(如换钱……)、租房、买房、买车、金融生活(信用卡、投资理财……)、投诉索赔;公司层面:公司注册、法律事务、产品创新与知识产权、招商加盟、广告、营销、谈判、进出口贸易、物流、投资、售后;其他
	社会现象	交通问题(拥堵、事故……);犯罪;法律纠纷(打官司、判刑……);社会公德;就业;失业;环保/污染;经济发展与社会变化(春运、春晚、留守儿童、养老、人口问题、贫富差距、消费者权益……);婚姻家庭问题;教育(高考、育儿);网络问题;医疗健康;食品安全;男女平等;名人与偶像;公益;新能源;城市建设;新闻与传媒;时事政治;公共外交;其他
文化生活与国际视野	语言文化	名字与称谓(人名、地名、称呼……);汉语汉字(谐音、对联、语言避讳、汉字文化……);成语/俗语故事;普通话与方言;笑话;学汉语的经历及故事;其他
	文艺作品	文学作品(寓言、散文、童话……);艺术作品及赏析(音乐、戏剧、摄影、影视……);创作背景/缘起;其他
	文化习俗	节日(春节、圣诞……);传统习俗与礼俗(如婚礼……);礼仪(课堂、餐桌、待客……); 生活习俗(衣食住行的习惯和风俗);其他
	文化产物	中国茶;中国功夫;生肖与星座;中华饮食;建筑艺术;中医;书法国画;戏曲; 四大发明;手工艺(如剪纸、风筝……);相声曲艺;服饰文化;棋牌;其他
	文化观念	人生哲理;宗教文化;儒家道家思想;民间百科;其他
	多元文化	异文化印象;异文化适应;文化比较;文化禁忌;移民(如海外华人故事……);其他
	地理与历史	地图;景观/景点;城市地区(城市比较、介绍故乡……);地理与文化;五十六个民族;历史广角;历史人文故事;其他
	自然与科学	动物;植物;人与自然;小百科;科技发展;探索与发现;科学幻想;其他

第二节　热点话题、高频词与热点词

一、热点话题抽取

在动态语料库中，不少话题频率很低，相应的文本数量很少。比如宗教、四大发明，有关经济生活的物流与投资、有关社会现象的食品安全等。这些话题或许不便于教学交际互动，也或许出于趣味性、新知性、体验性等因素考虑，没有被优先选入教材，因而频率较低。

根据频率统计数据，我们选取了动态语料库中排名前50的热点话题，同时保证其文本数量达到一定的水平，可以作为相关分析的基础。

表 5-2　教材热点话题频次表

三级话题	二级话题	一级话题	频次
买东西	购物	日常生活	172
经济发展与社会变化	社会现象	社会生活	152
人物信息	人物（介绍）	基本信息	139
旅游	出行	日常生活	132
看病	运动与健康	日常生活	119
历史人文故事	地理与历史	文化生活与国际视野	114
文学作品	文艺作品	文化生活与国际视野	113
交通方式	出行	日常生活	97
友谊	人际交往	社会生活	91
汉语汉字	语言文化	文化生活与国际视野	84
恋爱择偶	人际交往	社会生活	82
文化比较	多元文化	文化生活与国际视野	75
节日	文化习俗	文化生活与国际视野	71
方位	事物（描述）	基本信息	63
人生哲理	文化观念	文化生活与国际视野	63
家人与朋友	人物（介绍）	基本信息	61
问路	出行	日常生活	59

续表

三级话题	二级话题	一级话题	频次
亲子关系	家庭与社区	日常生活	59
异文化印象	多元文化	文化生活与国际视野	59
成语/俗语故事	语言文化	文化生活与国际视野	58
点餐	餐饮	日常生活	57
景观/景点	地理与历史	文化生活与国际视野	55
运动	运动与健康	日常生活	54
亲情	家庭与社区	日常生活	54
天气与气候	事物（描述）	基本信息	50
环保/污染	社会现象	社会生活	47
就餐	餐饮	日常生活	46
婚姻生活	家庭与社区	日常生活	43
城市地区	地理与历史	文化生活与国际视野	43
婚姻家庭问题	社会现象	社会生活	42
课程与选课	学习与成长	社会生活	40
聚会	人际交往	社会生活	40
笑话	语言文化	文化生活与国际视野	40
地理与文化	地理与历史	文化生活与国际视野	39
求职	工作职场	社会生活	37
教育	社会现象	社会生活	36
住宿事务	出行	日常生活	34
看比赛	娱乐休闲	日常生活	34
职场生存	工作职场	社会生活	34
小百科	自然与科学	文化生活与国际视野	34
意外	日常事务	日常生活	33
食物	餐饮	日常生活	32
家庭教育	家庭与社区	日常生活	32
周末假期	学习与成长	社会生活	31
约会	人际交往	社会生活	31

续表

三级话题	二级话题	一级话题	频次
名字与称谓	语言文化	文化生活与国际视野	31
公益	社会现象	社会生活	30
物品属性	事物（描述）	基本信息	29
考试	学习与成长	社会生活	29
学习压力与困难	学习与成长	社会生活	28

二、高频词与热点词

在动态语料库中，我们对语料做了分词及词性标注处理，并参照《现代汉语词典》（第六版）对词语切分和词性标注结果进行了人工校对。词性标注所采用词性标注集参照国家标准 GB/T 20532—2006《信息处理用现代汉语词类标记规范》。

在上述处理结果的基础上，参考新 HSK 词表（2012 版）[①] 抽取了话题中的高频词。

高频词抽取方法如下：

（1）首先，对于话题 T 语料下的每个词 Wi，使用如下公式计算其权重 λ：

$$\lambda = ((A+k)/(B+k))/((C+k)/(D+k))$$，其中，k 取 1 用于平滑。

    A：词在话题 T 语料中频次

    B：话题 T 语料总词数

    C：词在其他话题语料中频次

    D：其他话题语料总词数

（2）然后，筛选词频≥3 的词，对 λ 进行排序，取 λ 排前 i 个的词语集合 m（i 为 T 话题总词数 *30%）；

（3）最后取 m 中词频排前 j 个的词语集合（j 为 T 话题总词数 *5%），为最终话题 T 的高频词集合 n。[②]

[①] 网址：http://www.chinesetest.cn/godownload.do。

[②] 刘英林、马箭飞《研制〈音节和汉字词汇等级划分〉探寻汉语国际教育新思维》，《世界汉语教学》，2010 年第 1 期。

以下是抽取得到的话题高频词实例：

1_1_1 人物信息（年龄、国籍、职业……）

老师_206 叫_149 学生_65 岁_64 美国_63 先生_53 汉语_53 名字_48 学习_48 姓_45 认识_44 留学生_41 爸爸_35 今年_35 高兴_34 记者_27 介绍_26 哪_25 忙_24 班_22 日本_21 米_21 中文_20 糖_18 英国_18 贵姓_17 姐姐_15 小伙子_15 请问_15 加拿大_15 生日_14

（说明：词语之后的阿拉伯数字是该词语的出现频次，下同）

2_2_2 交通方式

车_230 坐_229 司机_122 站_75 地铁_75 路_59 火车_58 骑_57 票_57 飞机_56 自行车_54 辆_48 公共汽车_48 小时_47 出租车_44 方便_38 上海_38 号_37 谢谢_36 列车_34 师傅_31 汽车_30 售票员_29 挤_26 堵车_25 分钟_24 出租汽车_22 线_22 趟_22 航班_20 乘客_19 排_19 甲_19 乙_18 停_18 交通_17 软卧_17 公共_16 工作人员_16 下车_15 单车_14

2_2_6 旅游

去_682 旅游_219 北京_182 地方_142 旅行_127 长城_100 火车_79 上海_78 玩_76 西安_66 参观_52 那儿_49 旅行社_48 打算_47 飞机_47 风景_44 照片_41 游_37 区_37 爬_36 游览_34 云南_33 旅馆_32 名胜古迹_31 天津_26 游客_26 出发_24 累_24 票_24 导游_24 桂林_24 省_24 计划_23 景色_23 饭店_23 拍_23 草原_22 照_22 安排_21 达_21 有意思_21 暑假_21 周末_21 假期_20 泰山_20 资源_20 故宫_19 昆明_19 很多_19 琳_19 九寨沟_18 线路_18 少数民族_18 订_17 小燕子_17 三峡_17 兵马俑_17 明_17 机票_16 放假_16 景点_16 宾馆_16 西藏_15 上午_15 成都_15 建议_15 周_14 小天_14

2_6_1 运动

打_130 运动_80 喜欢_78 网球_40 游泳_38 篮球_30 锻炼_25

球_24　乒乓球_24　足球_23　身体_22　游_22　活动_21　步行_21　山_20　踢_19　常常_19　参加_18　跑步_17　爬_16　经常_14　累_13　老年_12　只要_11

　　高频词是文本中出现频率靠前的词语的集合，如果将主要承担语法功能的虚词以及代词等删除，以实词为主的高频词对于文本的主要内容往往具有重要的指向价值。如果基础语料的规模足够大，语料分布均衡，相关话题高频词数据可为教学及教材编写提供参考。上文举例的四类话题中，"人物信息"话题，频率第一的"老师"体现人物身份。"交通方式"话题，排名前三的是"车""坐""司机"，涉及交通工具以及人物。"旅游"话题，频率排名前三的是"去""旅游""北京"，和旅游以及重要目的地有关。"运动"话题，频率排名前三的"打""运动""喜欢"，涉及会话双方对运动爱好的询问。这些词语对于话题内容组织的贡献度高，在课堂言语交际、语言表达训练中值得重视。

第三节　热点话题中的超纲词分析

　　超纲词，顾名思义，就是超出词汇大纲的词，也就是词汇大纲没有收录的词。最近二三十年来，先后出现多个面向汉语国际教育领域的汉字与词汇大纲，这些大纲对国际汉语教学与教材编写、新汉语水平考试（HSK）产生了重要影响。其中，教育部、国家语委发布的《汉语国际教育用音节汉字词汇等级划分》(2010)，收字3000个，收词11000个，字、词均分为三级。国家汉办、孔子学院总部编制的《新汉语水平考试大纲》(2010)，收词5000个，分为六级。本节超纲词以及话题热点词的分析探讨均基于上述词汇标准进行。

　　在教材中，超纲词的比例与文本难易度存在正相关，如果超纲词比例太高，需要适当调整词语，降低语言材料的难易度。但是许多超纲词对于话题表达非常重要，如何看待超纲词对于话题组织的功能？以下结合动态语料库的话题热点词统计数据，从四个方面分析热点话题中的超纲词以及语言表达问题。

第一，专有名词

专有名词包括地名、机构名、人名、朝代名等。从语料库统计数据来看，专有名词集中的话题主要有：人物信息、旅游、教育、经济发展与社会变化（春运、春晚、留守儿童、养老、人口问题、贫富差距、消费者权益……）、城市地区、地理文化、历史人文故事以及文学作品等。其中，高频地名包括中国、美国、英国、纽约、北京、上海、西安、天安门、苏州、云南、昆明、成都、南京等。高频机构名包括故宫、清华、北大等。热点人名如宝玉等。高频朝代名如唐朝、汉朝等。①

许多专有名词尽管使用频率高，但是功能单一，不是常用词，不能列入词汇大纲。《汉语国际教育用音节汉字词汇等级划分》大纲研制理念中也提到，在选词过程中，要考虑减少高频人名、地名的干扰。我们认为从教学来说，地名、人名不是词汇教学的重点，然而从话题交际、语言表达的需求来说，缺少最基本的人名、地名，必然造成交流沟通的障碍。实际上，词汇大纲也收录了极少量的专有名词，北京、中国均被收录《汉语国际教育用音节汉字词汇等级划分》词表。

因此，在教材编写上，可以考虑结合教材使用对象的表达需要以及教学上的语言能力目标，对专有名词的话题表达价值进行区分，或将最重要的人名、地名、机构名、朝代名在生词表附录部分列举出来，或通过图文配合呈现人名、地名等专有名词，帮助学习者感知词汇，建立必要的概念。

第二，文化词语

我们讨论的对象是汉语文化词语。一般而言，汉语文化词语是指在有中国特色的文化生活中产生的有代表性的词汇。在词汇研究中，文化词语的类别以及集合成员很难达成共识，这方面的争议一直存在。文化词语与专有名词存在交集，许多文化词语也是超纲词，但不同文化词语对于话题表达的价值不同。根据语料库统计结果，文化词语占比高的话题如食物、看病、亲情、家庭教育、婚姻生活、汉语汉字、文学作品、节日、异文化印象、文化比较、地理与文化等。参照大纲词表，不难发现高频超纲词语主要集中在以下语义类别中：人物类，如白骨精、愚公、和尚。历史名物类，如丝绸之路、都城等。称谓类，如老公、老翁。

---

① 受制于热点话题语料样本量以及语料库话题标注框架，上述专有名词在大规模国际汉语教材中的常用度需要进一步考察，比如人名中"孔子"，在动态语料库中的词频数为325词次，频率很高，然而语料库中有关孔子的话题类别如文化观念、多元文化等未进入热点话题集合，因而影响了热点专有名词的统计结果。

时尚生活类，如团购、丁克。节日风俗及文化产物类，如春节、团聚、中秋节、粽子、春联、月饼、元宵、过年、圣诞节、福。文化观念类，如孝敬等。

上述高频文化词中，许多不是常用词，在日常话题中应用场景有限。如元宵、粽子。也有少数文化词语应用场景广泛，属于常用词，但没有被词汇大纲收录，如"春节"，春节以及春节文化的世界影响力不断上升，全世界很多国家和地区春节期间都有庆祝活动，对于"春节"这类历史文化蕴含丰富的话题热词，尽管超出大纲，在教学及教材编写上也应该给予重视。

此外，中餐、西餐、大妈、大爷、饭馆等常用词，收录进入《国际汉语教育用音节词汇汉字等级划分》大纲，但超出 HSK 考试 5000 词范围。如果在教学及教材编写主要参照 HSK 词表，为了话题表达训练以及言语交际的顺利进行，需要补充相当数量的话题词作为语言表达的基本材料。

第三，固定语块

迈克尔·刘易斯（Michael Lewis，1993）认为，语言并非由传统的语法和词汇组成，而是由多个词语构成的预制语块组成。语块就是凝固程度不同的词语的组合。人们在使用语言时，其实是使用一些预先编制好的语块，语块是使语言输出变得方便、快捷和流利的关键。《汉语国际教育用音节汉字词汇等级划分》及 HSK 词汇大纲中，不少固定语块被收录进来，如感兴趣、没关系、不得不、差不多、开玩笑、过年等。这些语块的凝固程度不一，功能丰富性不同，可以充当话题表达的重要材料。动态语料库话题热词统计结果显示，在大纲列出的固定语块之外，还有很多高频语块，如请问、听见、路口、有意思、矿泉水等，这些固定语块尽管超纲，但在话题组织方面有较高价值，值得教材编写以及教学重视。

第四，平行词

平行词是指在一个认知框架下语义类别相反相对的一组词。比如老公、老婆。大纲对这些词语的收录是不平均的，例如，在《汉语国际教育用音节汉字词汇等级划分》及 HSK 词汇大纲中均收录了老婆，不收录老公。但动态语料库热点话题关键词统计结果显示，"老公"词频为 12 词次，"老婆"为 16 词次，二者区别不大。对于是否应该收录这类平行词，郭曙伦（2003、2008）讨论了这一问题，认为大纲应该收录"外祖母""外祖父"这样的平行词语，但收录了这个却没有收入那个，有"姥姥"却没有"姥爷"，有"外婆"却没有"外公"，不尽合理。我们认为，从教材话题设计以及表达训练的需要来说，可以考虑将超出大纲、与大纲词表中平行的词列入生词表附录，否则难免影响话语表达。不过平行词的语言应用场景以及使用频率并不均衡,"姥姥"和"姥爷"相比,"姥姥"更为常用,使用地域广,无论是北方人还是南方人或多或少都会使用"姥姥"称谓语,但"姥爷"不同,北方人使用较多,南方人几乎不用这一称谓语。

第四节　热点话题中的口语词分析

　　汉语口语词和书面语词在使用频率、词语功能等方面存在明显差异。在词频方面,相关研究表明,最高频的 1000 个口语词和书面语词中,10% 左右的口语词词频显著高于书面语词词频排序(常宝儒,1989;王惠,2011)。从词汇的语义功能来说,一些口语词在话语交际中更为活跃,标记了发话人的立场态度、在话题转换衔接方面功能丰富。

　　汉语国际教育领域前后出现多个词汇大纲,从大纲选词及词频统计的基础语料来看,偏重书面语色彩的样本量远高于口语体样本量。《汉语国际教育用音节词汇汉字等级划分》(2010)选取了电视访谈节目的语料,体现了对口语语料的重视。不过电视访谈仍然是定制化表达,口语词表构建需要更多来自真实日常话语交际的语料作为支撑。

　　陶红印(Tao,2014)对高频口语词进行研究,基础语料来源于多组家庭自然口语交谈,时间从 1980 年至 2005 年。陶红印的研究表明,双音节词不可否认是汉语词汇的核心组成,但单音节词在话语交际中的活跃程度和功能的丰富性要超出此前研究者的一般性认知。词串 / 语块在口语交际中被高频使用,汉语口语呈现了较强的格式化特色。

　　本节利用动态语料库,对国际汉语教材热点话题中的口语词进行分析,教材口语词表的提取参照陶红印(2014)的前 50 名高频口语词及语块。

　　以下是教材口语词频率与陶红印(2014)口语词词频统计结果(以下简称原排名)的对照表。

表 5-3　单音节口语词频次对照表

原排名	口语词	动态语料库频次	动态语料库排名
1	的	111100	1
2	是	48809	3

续表

原排名	口语词	动态语料库频次	动态语料库排名
3	我	44924	5
4	就	16808	15
5	不	39558	6
6	你	20268	12
7	了	45758	4
8	那	10256	29
9	啊	2186	48
10	个	22913	11
11	他	19779	13
12	对	9673	30
13	就是	3468	42
14	有	32796	7
15	都	11201	27
16	说	15284	18
17	一	50250	2
18	也	13335	21
19	那个	1044	50
20	然后	704	51
21	在	27729	9
22	什么	7669	34
23	这个	3389	44
24	这	23723	10
25	很	11612	24
26	哦	249	53
27	看	11509	25
28	人	32493	8
29	还	10279	28
30	嗯	88	54
31	好	13727	19
32	要	15819	17

续表

原排名	口语词	动态语料库频次	动态语料库排名
33	我们	8461	33
34	去	11978	23
35	一个	9365	32
36	觉得	2410	47
37	到	16673	16
38	她	6803	35
39	没	9522	31
40	吧	3922	40
41	多	13361	20
42	它	3601	41
43	没有	5472	36
44	得	12566	22
45	呢	3987	39
46	跟	2499	46
47	他们	5222	37
48	儿	11229	26
49	上	18293	14
50	吗	5062	38
51	现在	3417	43
52	知道	2659	45
53	嘛	254	52
54	但是	1892	49

按照陶红印（2014）的词类划分方式，以上高频口语词涉及人称代词：你、我、他。系动词（低概念义动词）：是、有。认知动词：觉得、知道、看。副词：就、就是、都、也、很。否定词：不。数词或类别词：一、一个。指示词：这、这个，那、那个。回应标记词：哦、嗯。还有常用连词、语助词、情态动词、动作动词等。在以上对照表中，占比五分之一的高频词，包括一、这、这个、那、那个、啊、嗯、对、就是、觉得、得、上等排序差异显著。这反映了教材语言材料中口语词分布与日常生活口语词使用的距离。

表 5-4 高频语块对照表

原排名	语块	原频次	动态语料库频次	动态语料库排名
3	是一个	192	1136	1
5	一个人	179	892	2
2	有一个	340	887	3
6	了一个	175	820	4
1	是不是	464	615	5
7	的一个	142	487	6
34	有很多	63	464	7
41	很多人	55	369	8
49	那个人	51	186	9
4	的那个	187	140	10
9	也不是	122	121	11
22	我也不	76	107	12
42	我不是	55	104	13
27	你不是	69	101	14
10	我不知道	122	98	15
13	不是很	94	98	16
26	不是我	71	95	17
45	就行了	54	87	18
8	不是说	138	86	19
12	一个是	96	85	20
38	就是一个	57	82	21
40	说的是	56	81	22
28	也不知道	68	65	23
16	是那个	85	57	24
30	的那种	67	56	25
36	我就不	60	56	26
33	挺好的	63	48	27
35	的时候就	61	46	28
43	那不是	55	45	29
21	对不对	76	44	30
15	不是不	85	40	31

第五章 话题热点词

续表

原排名	语块	原频次	动态语料库频次	动态语料库排名
37	都不知道	60	40	32
19	我跟你	79	39	33
20	跟你说	79	38	34
47	不是那	51	31	35
18	我觉得我	82	28	36
44	另外一个	54	28	37
25	一个什么	71	22	38
32	我就说	63	11	39
14	我就觉得	86	10	40
48	我说我	51	10	41
29	说那个	68	7	42
50	他那个	50	2	43
17	个那个	82	1	44
39	然后我就	56	1	45
11	那个什么	101	0	46
23	那个那	74	0	47
24	不是啊	73	0	48
31	是是是	64	0	49
46	对啊我	53	0	50

从以上语块频次对照表可知,"有很多、很多人、那个人、说的是、那个什么、那个那、不是啊、是是是、对啊我"等高频语块在动态语料库的教材语料及口语语料中的差异显著。"有很多、很多人、那个人"在教材语料中的频次显著高于自然口语频次。"那个什么、那个那、不是啊、是是是、对啊我"在口语语料中的频次显著高于教材语料中的频次。

表5-3和表5-4的频次差异的原因是相同的,主要是由于教材用语有意无意避免话语互动过程中看似冗余的语言信息,如自我纠正、重复、确认,较少体现话语回应标记、话语/话题衔接标记以及发话人的立场态度。也就是说,动态语料库教材中的对答方式和词语使用往往是经过修正或修饰的,和日常生活自然的口语表达存在一定距离。

陶红印（2011）主编的 *Working with Spoken Chinese* 是一套面向高级水平学习者、以真实口语材料（Authentic Materials）为特色的汉语教材，这套教材在提供语言地道丰富的表达、呈现日常语言应用情景及教材策略方面独树一帜，教材中的例句及问答如：

（1）大家都在钻保险公司的空子，那这样中国的保险业就很难更上一层楼。

（2）听说他从中国回来了，我就跑去跟他聊天。

（3）S1：餐厅在哪里？

　　　S2：你说的是学生餐厅吧？离这里不远，大概往前走十几米就到了。

（4）S1：哦，那个饭店真高级，真漂亮。

　　　S2：对，那个是很高级，四星级的。

Working with Spoken Chinese 重视真实口语语料，展现人们日常交际过程中话语互动时话题的引发、衔接和转换，将多样化语言表达与交际情景有机结合起来。教材的话题设计与处理是在话语交际的互动过程中实现的。这套教材投入使用后，广受学生欢迎，其语言表达情景与话题设计、语法解释等，体现了互动语言学视角下的国际汉语教材资源研发的新思路。

小结

词语是话题表达的基本建筑材料，教材编写往往参照词汇大纲筛选语料。或者调整预采用文本中词语的难度。话题热点词是基于一定规模语料库词频统计结果抽取的、使用频率高，并且与话题内容相关度高的词语。这些词语主要是实词类。

本章基于汉语国际教育动态语料库5048个语段话题信息标注结果，对高频话题中的热点词进行统计，与《汉语国际教育用音节汉字词汇等级划分》《新汉语水平考试大纲》中的词汇进行对比分析，研究认为，从话题表达训练等教学目标出发，一些专有名词、文化词语、固定语块等对于话题表达训练是必不可少的，尽管这类词语超出大纲，但有必要根据话题以及语言表达训练需要，在教材中进行适当处理。

本章也将教材语料库高频词与基于口语语料统计的高频词进行对比分析，参照相关教材的研发经验，认为汉语国际教育及教材研发应多多关注口语词以及话题表达的互动推进过程，未来国际汉语教材研发应该重视基于自然口语的交际情景以及交际话题设计。

参考文献

1. 常宝儒.现代汉语频率词典的研制［A］.陈原主编.现代汉语定量分析［M］.上海：上海教育出版社，1989.
2. Tao, H. *Working with Spoken Chinese*［M］. CALPER Publications, 2011.
3. Tao, H. *Profiling the Mandarin Spoken Vocabulary Based on Corpora*［J］. The Oxford Handbook of Chinese Linguistics, 2015.
4. Michael Lewis. *The Lexical Approach*［M］. Language Teaching Publications, 1993.
5. 王惠.日常口语中的基本词汇［J］.中国语文，2011（5）.
6. 冯胜利，施春宏.论汉语教学中的"三一语法"［J］.语言科学，2011（5）.
7. 中华人民共和国教育部，国家语言文字工作委员会发布.汉语国际教育用音节汉字词汇等级划分［M］.北京：北京语言大学出版社，2010.
8. 国家汉语水平考试委员会办公室考试中心制定.汉语水平词汇与汉字等级大纲［M］.北京：经济科学出版社，2001.

第六章　话题分布与话题复现

话题合理分布有效复现是教材话题处理科学性及系统性的重要体现。

在教材中，话题分布应适应不同教学阶段学习者话题表达能力目标以及综合语言能力目标。本章简要分析了《国际汉语教学通用课堂大纲》对于学习者话题表达能力的分阶界定，基于汉语国际教育动态语料库，抽取高频话题，考察教材中话题的分布及相关文本的难度系数。具体过程是，统计分析不同学习阶段教材中的热点话题分布，依据新 HSK 词表的水平等级划分，计算语料库中热点话题相关文本的难度。

在整套教材中，话题的有效复现可以巩固阶段性教学目标，降低学习的难度，更好地满足科学记忆的需要。记忆力是人脑识记、保持、再认识和再现客观事物所反映的内容和经验的能力。心理学及脑科学研究均证明，记忆内容越是被频繁读取，反馈就越是精细，对相关内容的情感评价会提高，记忆的深度也会被加强。话题复现有助于学习者强化和扩展相关记忆，提高学习效率。

本章考察了语料库中文本话题的复现情况，结合多种外语教材，讨论话题呼应与复现的多元化处理。

第一节　话题表达分级目标与话题分布

《国际汉语教学通用课程大纲》（2014）一共分五个等级目标，对学习者应该掌握的语言知识、语言技能、交际及学习策略、文化意识进行描述，语言知识包括语音、字词、语法、功能、话题等项目。其中，对话题分级目标表述如下。

一级目标：掌握最基本最简单的交际用语；了解与个人密切相关的简单话题，如家庭、个人信息、爱好等；熟悉与日常生活密切相关的简单话题，如数字、日期、时间、货币等。

二级目标：熟悉与个人、家庭密切相关的一些话题；熟悉与日常生活、兴趣爱好等相关的话题；初步了解与校园生活或职业工作相关的简单话题。

三级目标：进一步熟悉有关日常生活、兴趣爱好等方面的话题；初步了解个人周围环境、学习、工作等方面的话题；了解有关中国的比较简单的一般社会生活和文化的话题。

四级目标：进一步熟悉社会生活方面的话题；了解有关风俗习惯、科学文化和文学艺术等方面的话题；了解当代中国和世界的热点话题。

五级目标：进一步熟悉当代中国和世界的热点话题；能综合运用已经掌握的话题内容。

话题分级目标的提出对教材的话题编排有指向意义。其中，了解与个人及日常生活密切相关的简单话题是一级目标的核心内容。二级目标涉及日常生活、兴趣爱好类话题。三级目标涉及简单的社会生活及文化类话题。四级目标有关风俗习惯、科学文化和文学艺术类话题。五级目标涉及中国和世界热点话题。在分级目标的理想化描述中，每上一级台阶，都复现上一级中的部分话题，并与下一阶段的部分话题相衔接。不过，在教材语料库中，话题的复现是不均衡的，能够被复现的话题往往也是热点话题。

话题处理涉及教材中语言形式与文本意义、语言目标与文化内涵等要素的关系。不同教学阶段，话题表达能力发展目标不同，教材话题设计的取向也有所不同。初级阶段，教材文本以日常生活场景下的确认、否定、赞同、评价、建议、比较、句子问答等语义表达为重要内容，语义功能与话题所属常常有交叉，与个人以及家庭密切相关的日常生活类话题成为教材优选。中级阶段，学习者的能力目标包括能简明、连贯地表达自己的意思，能讲述事件经历，描述梦想和目标，描述和论证计划或意见，能参与讨论，针对问题或特定文本作出评价或表达观点等。中级阶段的教材，在初级基础上加大难度，突出叙述、描写、说明、计划论证、观念表达、表情达意等目标，教材话题选择范围非常宽泛，从日常生活扩大到学校生活、社会生活、文学地理、自然科技等领域，话题成为教学组织和教材编写的核心要素。高级阶段，教材话题范围更为宽泛，文本中的语言交际信息以及文化知识信息更丰富，从阅读到表达，对于学习者语言能力目标也有更高的要求，涵盖话题表述、讨论、演讲、辩论等高级话语表达形式。

话题范围与文本难度密切关联，日常生活中与个人信息、基本人际交往相关的话题难度较低，当话题涉及社会生活、文化生活中的知识及各类文化现象，文本难度增加，涉及自然科技、历史人文等知识或文化现象，文本难度往往进一步加大。在实际文本材料中，一个范围较大的话题，可能有多个不同侧面，这些侧面因难度不同，可能出现在初级、中级、高级阶段教材中，形成话题的螺旋式复现。比如购物，初级阶段讨论与交际过程相关的购物信息；中级阶段可能是叙述情节，讨论退换货问题；高级阶段谈论不同文化中的购物方式，以及如何看待不同国家的购物砍价等。话题范围的颗粒度决定了话题对相关文本难度的预测价值。如果将话题侧面细分，考虑内容中具体的文化内涵，话题与文本难度的相关性就增强了。

第二节　教材中的话题分布

本节基于汉语国际教育动态语料库话题标注结果，统计了5048个语段的话题信息的分布。

一、初级、中级、高级教材中的话题分布[①]

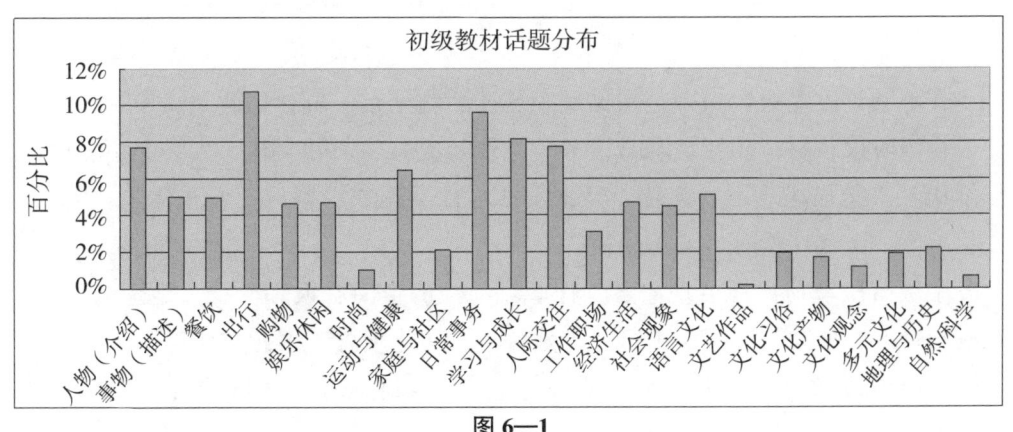

图 6—1

[①] 对于注明初、中、高阶段信息的教材，直接采集其阶段信息；没有注明阶段信息的教材，根据教材的语言目标以及分册信息加以设定，一般情况下，以包含六册的一套书为例，一、二册为初级，三、四册为中级，五、六册为高级。

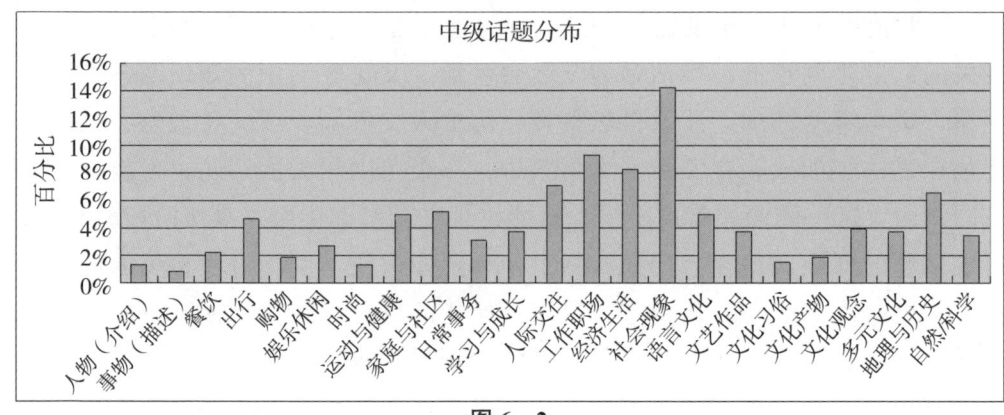

图 6—2

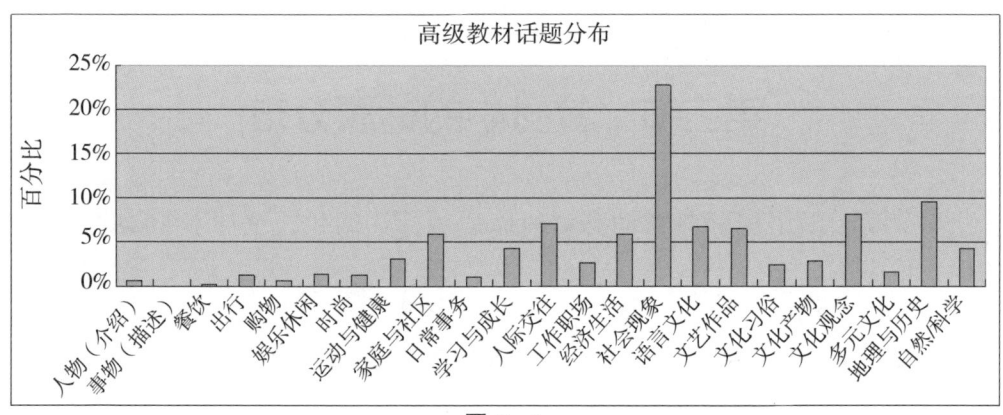

图 6—3

在不同难度等级教材中，根据频率统计话题分布，由高到低大致是：

初级阶段教材：出行、日常事务、学习与成长、人际交往、人物介绍、运动与健康、事物描述、语言文化、经济生活、社会现象、餐饮、娱乐休闲、购物、文化习俗、文化产物等。

中级阶段教材：社会现象、工作职场、经济生活、人际交往、地理与历史、家庭与社区、运动与健康、出行、自然科学、文化观念、多元文化等。

高级阶段教材：社会现象、地理与历史、文化观念、人际交往、家庭与社区、语言文化、文艺作品、经济生活、学习与成长等。

不难看出，与日常生活、个人信息相关的话题在初级阶段教材中比较集中，有关社会现象、地理历史等方面的话题在中高级阶段教材中比较集中，而语言文化、人际交往、文化观念等话题大类在不同等级教材中都有分布。

二、教材中的话题共现

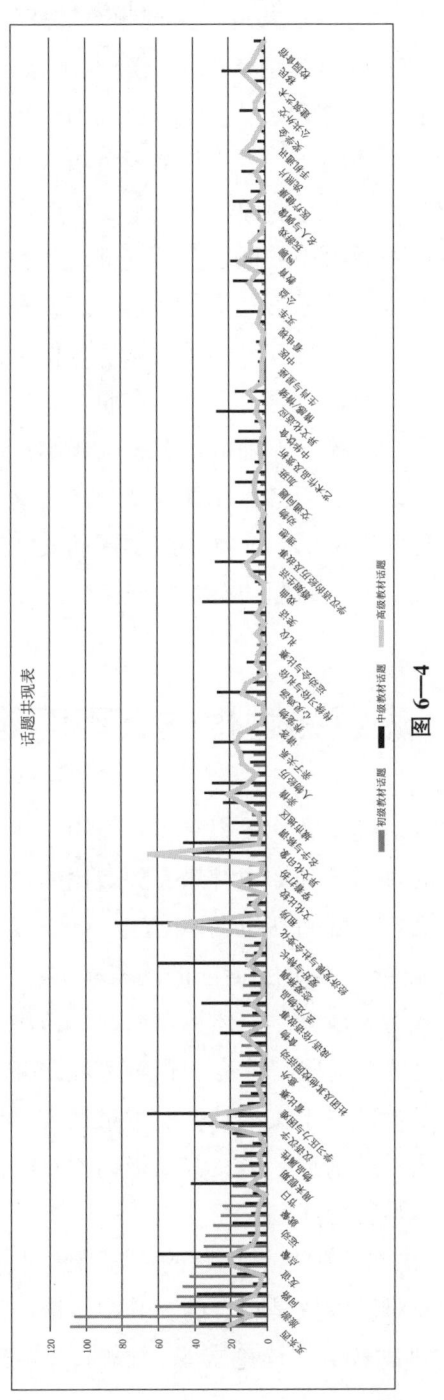

图 6—4

图 6—4 显示了基于语料库的教材话题共现情况，其中，以下两类共现尤其值得编者重视：

（1）初级、中级教材中的话题共现。共现频率较高的话题有：旅游、看病、节日、历史人故事、景观、成语/俗语故事、恋爱择偶、经济发展与社会变化、文化比较、文学作品、异文化印象、人生哲理、亲情、亲子关系、环保/污染、笑话、婚姻生活、动物、交通问题、艺术作品及赏析、工作日程、小百科、家庭教育、养生、公益、教育、名人与偶像、男女平等、广告、求职。

（2）初级、中级、高级教材中的话题共现。共现频率较高话题有：旅游、看病、节日、历史人故事、景观、成语/俗语故事、恋爱择偶、经济发展与社会变化、文化比较、文学作品、人生哲理、亲子关系、环保/污染、婚姻生活、家庭教育、公益、教育、名人与偶像、男女平等、求职。

对于话题处理来说，越是排序靠前的话题价值越高，语料库数据显示了这些话题更能适应不同水平阶段的学习者，比如在"旅游"这一话题范围下，不难挖掘与学习者语言能力目标相匹配的、文本难度不同而又实用的语言材料，用于初级、中级、高级教学阶段，实现话题的有效复现。

第三节 热点话题相关文本的难度计算

教材文本难度适当，对提高教学效率有重要作用。话题难度和文本的语言特征有关，也和阅读者的心理体验和知识背景有关。比如，同一语言水平学习者对话题的熟悉度不同，对文本难度的判断也不同。

从语言本体上说，影响文本难度特征的因素很多，如语义透明度、修辞运用、文本连贯性、话题或主题范围、语体特点、语言结构或句子复杂度、词汇难度、词汇数量、句子长度等。这些特征有的相对主观，有的比较客观。

在所有特征中，词汇难度对于文本难度的贡献最大。目前，我们在进行文本难度分析时主要考虑词语难度信息，当文本高级词相对中低级词、中级词相对低级词的比例越大时，文本难度越高。

表 6—1 显示了动态语料库中热点话题的文本难度计算结果。这个结果与教材话题设计预设的框架及难度大致是吻合的。其中，谈论家人、朋友、天气、气候，食物等话题的文本难度较低；谈论求职、婚姻、教育、地理与文化、百科、

历史故事等话题的文本难度较高。

表 6—1

序号	话题	文本难度
1	人物信息	0.22
2	家人与朋友	0.16
3	天气与气候	0.26
4	方位	0.23
5	物品属性	0.33
6	食物	0.38
8	就餐	0.23
9	点餐	0.24
10	问路	0.21
11	交通方式	0.31
12	住宿事务	0.28
13	旅游	0.37
14	买东西	0.28
15	看比赛	0.41
16	运动	0.34
17	看病	0.43
18	亲情	0.42
19	亲子关系	0.39
20	家庭教育	0.4
21	婚姻生活	0.39
22	意外	0.32
23	学习压力与困难	0.38
24	课程与选课	0.23
25	周末假期	0.28
26	考试	0.28
27	友谊	0.36
28	恋爱择偶	0.37
29	约会	0.26
30	聚会	0.26

续表

序号	话题	复杂度
31	求职	0.44
32	职场生存	0.48
33	婚姻家庭问题	0.54
34	教育	0.56
35	公益	0.45
36	环保/污染	0.58
37	经济发展与社会变化	0.62
38	名字与称谓	0.39
39	汉语汉字	0.45
40	成语/俗语故事	0.42
41	笑话	0.36
42	文学作品	0.5
43	节日	0.47
44	人生哲理	0.5
45	异文化印象	0.35
46	文化比较	0.42
47	景观/景点	0.55
48	城市地区	0.6
49	地理与文化	0.68
50	历史人文故事	0.51
51	小百科	0.64

第四节　话题的多模式复现

在教材中，话题复现可以区分为两类，基于文本内容、文本形式的话题复现和交际任务链中的话题复现。

前者可进一步细分为话题侧面的变化与复现、综合技能训练框架下的话题复现，以及话题的螺旋式复现。

交际任务链中的话题，包括单元导入话题、读前话题以及练习中的交际话题等。这些话题相互呼应，是对课文主要交际话题的预热、拓展或强化。

话题复现的价值体现在以下三个方面：

（1）从语言形式来说，话题复现拓展词汇应用的丰富场景，以及文本多样化的语体选择，表现了话题的不同侧面，提升了文本的文化内涵。

（2）从交际互动来说，话题复现为听、说、读、写综合技能训练提供统一的语境框架，为课堂交际任务链的设计和实现提供层层展开、便于沟通的信息和内容。

（3）从学习策略来说，话题复现可强化学习者对相关内容的认知记忆，提高学习者话题讨论的兴趣度。

一、话题侧面的变化与复现

通过不同侧面表现某个话题，而内容富于变化，相互呼应。教材话题侧面的变化与复现，使学生接触更多的语体形式，便于教师从多个角度展开言语交际训练。比如《话题汉语（中级）》（吕玉兰等，2007）较好地体现了交际话题对单元主题的呼应。如第九单元是"旅游"，包括三个语篇，都是谈"旅游"的不同侧面。课文一"你想去哪儿旅游"，泛谈几个朋友不同的旅游计划；课文二"我们计划去旅游"，谈论具体旅游路线的设计以及交通和费用等方面的考虑；课文三"我们的收获都很大"，谈论旅游归来的感受。从旅行前的想象、愿望到具体线路设计再到旅行感受，这三篇课文的话题联系紧密，相互配合，表现了旅游过程中的系列事件。从学习者的角度来说，这样的课文使其充分回忆旅游过程中的点点滴滴，方便其参与"旅游"话题讨论。

《话题汉语（中级）》其他单元话题复现举例如下：

（1）单元主题：交通。课文话题：谈城市交通、我爱坐出租车、公交汽车的N个理由、堵车的时候可以做什么。

（2）单元主题：校园生活。课文话题：师兄的经验、聊聊老师和选课、竞选演讲、老师和学生的区别。

（3）单元主题：入乡随俗。课文话题：不同的风俗习惯、入乡不随俗会有麻烦、邯郸学步。

（4）单元主题：网络与现代生活。课文话题：上网、网络语言、网络带来的问题、黑网吧。

（5）单元主题：恋爱与婚姻。课文话题：要结婚吗、我的婚恋经历、深圳的跨国婚姻、我对你很好。

对话体和叙述体是教材语体的重要构成。内容相近的话题分别用对话体和叙述体表现出来，有助于学生更好地了解汉语口语与书面语的不同表述方式，加深对不同语体的认识。

《话题汉语》每单元由多篇课文组成，分别采用对话体、叙述体以及其他应用文文体，语体富于变化。

《加油》每单元包括两课书，每课书由正课文、副课文构成，包括对话体和叙述体。全书的交际话题相互呼应，内容关联而不重复。《加油》第一单元是"校园与生活"，第一课正课文是对话体，谈"暑假生活"，课文以小记者采访的形式，表达学生丰富多彩的暑假生活；副课文是叙述体的"北京来信"，通过中美两国学生笔友的通信，谈美国中学生的个人爱好以及生活娱乐。这两篇课文内容相互关联，属于"校园生活"单元主题。课文对话体和叙述体相配合，为学生言语表达训练提供了富于变化的范本。

二、综合技能框架下的话题复现

一个单元或一课书由多个语篇构成，话题内容相互呼应，形成有意义的语境框架，适应听、说、读、写综合言语技能训练目标，便于教学综合性交际任务的设计及课堂言语交际的顺利完成。我们将这类话题处理视为综合技能框架下的话题复现。

如北师大版高中英语教材（王蔷，2005），教材的每个单元都有4—7篇阅读和3—5篇的听力文章或对话组成，分别为阅读、听力、视听说、写作等语言实践活动提供言语内容，不同语体语篇话题的呼应与复现提供多方面、多层次、多场合，内容相互关联的语言输入，促进学习者英语综合语言运用能力的提高。

北师大版高中英语教材第1册第2单元"英雄"，第1课"当代英雄"，是关于航天英雄杨利伟的简短新闻报道，材料主要用于阅读理解，开启英雄话题的探索。第2课"历史缔造者"，谈历史上的英雄，罗斯福、马丁·路德·金、孙中山、特蕾莎修女等，材料用于听力训练。第3课谈"体育英雄"，谈网坛名将大小威姐妹。文章的难度加深，学习者在材料阅读基础上，熟悉交际功能项目"意见表达"。第4课"超级英雄",讲关于饰演超人的美国电影明星的故事。该单元的"交际坊(Communication Workshop)"版块提供了谈论当代中国体育明星的听力材料,交际任务是围绕"英雄"话题进行交流讨论。第2单元的话题不断复现单元主题"英雄",具材料来源、语言形式、交际任务富于变化,整体文本难度逐渐加深,为教学综合言语技能训练提供了统一而富有变化的话题范围。

在国际汉语教材中,北京师范大学出版社的短期汉语系列教材《走近汉语(初级)》、《实践汉语(中级)》、《感悟汉语(高级)》(朱志平等,2009)根据言语技能训练将每一套教材分为听说分册及读写分册,各分册话题呼应,词汇适当复现,有助于提升综合言语交际技能训练的效率。

三、话题的螺旋式复现

我们以"餐饮"话题为例,分析理想化状态下的话题螺旋式复现。

"餐饮"是人类生活的基本要素,综合型外语教材往往涉及这一主题。关于"餐饮",根据汉语国际教育动态语料库,目前经典教材中最常见的交际话题如食物名称、饮料名称、餐具、点餐、就餐、做饭、菜谱等等。这些交际话题大部分出现在初、中级教材中,高级教材中讨论餐饮的文本很少。其实,"餐饮"是一个可以出现在初、中、高阶段教材中,体现话题螺旋式循环的重要选点,"餐饮"蕴含的深厚的民族文化积淀以及日常生活习俗表现,可供不同教学阶段话题设计组合使用。

汉语国际教育动态语料库统计结果显示,二级节点"餐饮"中的高频话题有:食物(名称)、味道、饮料(名称)、点餐、就餐、做饭、餐具等等,教材对这些话题的处理多数停留在表层文化层次,主要提供客观信息,导致话题面貌千篇一律,让人产生认知疲劳。如果重视表层文化与深层文化的结合,话题的处理可能出现新意。

比如,"餐具",初级阶段可以列举中西、中外餐具名称,展现表层文化形态,并且暗示深层文化内涵。中级阶段讨论不同餐具的使用方式、餐具与食物的匹配等,将表层文化形态与深层文化的思考融合于话题设计及讨论中。高级阶段讨论不同餐具的来源,中外饮食习惯形成的历史文化背景等,重点挖掘话题中的深层文化内涵,结合表层文化形态展开讨论。

"味道",初级阶段列举酸、甜、苦、辣、咸的味道,主要展现表层文化形态。中级阶段讨论中西、中外不同的食物及口味偏好,将表层文化形态与深层文化内涵的思考融合于话题设计及讨论中。高级阶段可以结合具体菜品讨论中餐的五味调和，重点挖掘话题中的深层文化内涵，结合表层文化形态展开讨论。

"饮食传播"，初级阶段教材谈中外的经典食物与菜名，展现表层文化形态。中级教材可以讨论中餐在世界各地的传播，或西餐在中国的传播。选择一些热点话题，比如纽约流行的煎饼果子等，将表层文化形态与深层文化内涵的思考融合于话题设计及讨论中。高级阶段教材可以讨论某类食品的历史文化传承、植物种植历史和传播过程、食物形态和环境地域的关系、饮食人生、人与食物故事等等。应挖掘话题中的深层文化内涵，并结合表层文化形态进行设计。

"文化"作为人文社会科学最复杂的概念之一，其概念及分类有许多不同的处理，传统外语教学中有大文化、小文化的区分，小文化是日常生活可感可触的文化，大文化包括制度、思想或者是文学历史等形态，大文化、小文化的边界并不是十分清晰。

许嘉璐（2002）指出，表层文化是可以通过感官感受得到的文化，它呈现为色彩缤纷的文化形态，而深层文化指的是思想和制度，也包括哲学。

国际汉语教材话题设计可以从形态各异的表层文化入手，或多或少贯连深层文化内涵。教材的单元主题，如个人信息、学校生活、家庭生活、文化娱乐、节日活动、环境保护、社会生活、自然科技、历史地理、语言文字、文学艺术等均包含大量人们可接触、可感受、易于谈论的交际话题，难点在于不同教学阶段，如何组合反映某一主题的多个交际话题，如何选择适当的切入角度，统筹具体话题的表层文化信息和深层文化内涵。

四、任务链中的话题复现

交际任务（Task）是从语言教学与语言学习的角度对现实生活中的言语交际活动进行的提炼和概括，同时也是按学习者未来使用语言需要而设计的、模拟现实的交际活动。基于交际任务的教学法（Task Based Instruction）自上世纪80年代以来在外语教学法流派中占据了重要地位。交际任务从行为上看，包含言语行为及伴随性行动两个范畴，有的交际任务体现了做事的程序和相关言语行为，比如模拟"面试"，参与者发出言语行为以及系列伴随性的行动，比如人物区分、交际情景模拟，参与者的言语行为由人物需要、事件过程、交际情景等要素决定。

有的交际任务是对交际话题进行讨论交流，参与者根据教学材料的输入，表达对事件、观念、经历的看法，进行思想、文化和感情的交流互动。话题表达与交流是交际任务的核心要素。

以下以《加油》"汉语汉字"单元的话题设计进行说明。

"汉语汉字"单元中，单元导入性话题、课文读前讨论题、主辅课文话题、练习交际话题构成了一个任务链。单元主题为"汉语汉字"，主辅课文中涉及的话题侧面包括汉字特点、汉字与其他文字的比较、学习汉语的故事、汉字谐音文化。教材通过文本内容以及讨论题不断复现、深化、拓展以上话题侧面。表 6—2 是具体内容：

表 6—2　单元主题：语言与文字

教材版块	基于文本内容的话题	讨论题
单元 导入	/	比较西半球最古老的文字与中国的甲骨文，谈对两种文字的印象；学汉语的方法
第 15 课 导入	/	列举世界主要文字汉字的特点
第 15 课 主课文	汉字与动物（汉字表意特点，造字理据）	
第 15 课 副课文导入	/	世界上最古老的文字有哪些，汉字历史有多长
第 15 课 副课文	汉字的故事	
第 15 课 交际任务	/	讨论汉字的特点
第 15 课 写作任务	/	我看汉字
第 16 课 主课文导入	/	生活中象征幸运的符号有哪些，幸运符号是怎么来的
第 16 课 主课文	福到了（汉字谐音文化及风俗）	
第 16 课 副课文导入	/	学习汉语的时间长短，学习汉语过程中有趣的事情
第 16 课 副课文	学汉语的趣事	
第 16 课 交际任务	/	选择身边熟悉而又感兴趣的标志，说明象征意义
第 16 课 写作任务	/	我学汉语的故事

小结

从教材编写的系统性和科学性考虑，并且为更好地适应学习者科学学习以及科学记忆的需要，教材编者要重视话题的合理分布，并对话题的多模式复现进行适当处理。话题的合理分布与适当复现，可以促进学习者话语交际以及表达能力的可持续性发展，逐步拓展学习者话题表达的深度和广度。

本章主要根据《国际汉语教学通用课程大纲》话题分阶段描述以及教材语料库话题标注数据分析话题在不同水平等级教材中的分布、共现以及多模式复现，供教材编写以及教学参考。

本章分析了教学以及教材编写中，有关话题分布和共现的三类问题：

（1）课程大纲中不同等级学习阶段话题的大致分布

（2）话题在不同等级水平教材中的分布及不同等级水平教材中话题的共现

（3）热点话题相关文本的难度计算

提出教材中话题复现的四种形式：

（1）话题侧面的变化与复现

（2）综合技能框架下的话题复现

（3）话题的螺旋式复现

（4）任务链中的话题复现

以上教材单元体现了任务链中的话题设计，包括语言文字比较、文字特点认知以及学习者经历故事，具体话题侧面如汉字的基本印象、不同文字的比较、汉字特点、汉字历史、汉字谐音文化、以及学汉语的经历。单元主题不变，话题侧面逐步变化而不断复现，学生逐渐了解汉字蕴含文化信息，通过文化比较、文化贯联，联系学习者的体会，促进其思考并用汉语表达、语言和文字的同与异。

参考文献

1. Tulving E., Craik F.（Eds）. *The Oxford Handbook of Memory*［M］. New York: Oxford University Press，2000.

2. 吕玉兰.话题汉语（中级）［M］.北京：外语教学与研究出版社，2007.

3. 马箭飞.任务式大纲与汉语交际任务［J］.语言教学与研究，2002（4）.

4. 许嘉璐.许嘉璐谈文化［J］.中国计量，2012（S1）.

第七章　文化符号的选取与表达

外语教材对目的语文化信息的处理，从总体设计来看，可以有多种形式，比如：

（1）文化版块设计：以学习者母语文字介绍相关文化内容。

（2）交际话题设计：根据一定文化现象或文化主题，选取文化符号，设计交际话题，通过文本内容处理，传递文化信息。

（3）词语蕴含：通过挖掘词语中的文化内涵，传递文化信息。如打招呼用语"您好"蕴含的汉语敬称文化。

（4）多模态材料组合：提供与文化符号相关的音频、视频或其他多种形态的材料。

（5）提供与文化符号相关的网络链接或其他动态信息。

除了编者有意表达的文化信息，教材内容还可能显示一些隐性文化信息，例如，一位教师的教学反思提到，某教材课文描写老师进入教室时，学生起立问好，然而，留学生对课文提到的学生站起来这一细节十分不解，由此推测教材编者并没有意识到交际语境中的隐性文化。

本章从文化信息有传递的有效性出发，探讨汉语教材话题处理对中国文化符号的选取以及表达方式。我们熟悉的中国文化符号，春节、对联、茶、书法、京剧、中餐、长城、生肖等在交际话题中很常见，分析和统计这些文化符号有助于新教材研发，不过编者会面临许多问题，比如，哪些中国文化符号适合进入教材？对于经典文化符号显性或隐性的文化意蕴，话题处理从哪些角度切入？教材中文化点与文化符号的关系是什么？教材编写如何看待外语教学大纲对外语教学中文化要素的阐释等等。

本章结合文化三角观以及文化层次论，从文化传播学视角分析中国文化符号的抽取，及在教材中的多样化表达。

第一节　文化、文化点以及文化符号

　　文化一直以来是社会科学领域最有争议的概念之一。1952年，美国人类学家克罗伯和克鲁克洪在《文化：一个概念定义的考评》一书中提到，仅从1871年到1952年间出现的文化定义就有一百六十多种。克罗伯和克鲁克洪对文化的定义是："文化存在于各种内隐的和外显的模式之中，借助符号的运用得以学习与传播，并构成人类群体的特殊成就，这些成就包括他们制造物品的各种具体式样，文化的基本要素是传统（通过历史衍生和自由选择得到的）思想观念和价值，其中尤以价值观最为重要。"[①]2001年，联合国教科文组织《世界文化多样性宣言》中的文化定义是迄今影响最为广泛的定义之一："应把文化视为某个社会或某个社会群体特有的精神与物质，理智与情感的不同特点之总和。除了文学和艺术外文化还包括生活方式、共处方式、价值观体系、传统和信仰。"

　　从多种文化定义可知，文化符号和文化关系密切，再参照罗兰·巴尔特在《符号学原理》（2008）中有关符号特性的经典论述，我们可以将文化符号理解为文化意指行为的结果，这个行为将一个国家、一个地域人民独特的精神内涵与文化意象结成一体，使特定文化可以被辨认、被解读，并具有良好的传播属性。

　　文化符号是一个典型范畴集合，这个集合中既包括意指关系稳定的、典型的文化符号，如长城；也包括一些有内涵，而意象或表征形式不明确不确定的文化符号，如中国人的勤俭，要表现勤俭文化，需要有适当的文化表征形式，它可能是一份传统家训、一个人物或是一个生动的故事。

　　文化点是外语教材常见的术语，泛指教材文本内容中的各种文化元素，如果这样的元素意指关系结合稳定、有较好的文化代表性，便可视为文化符号。外语教材中，从框架布局到具体话题处理，都涉及对文化点或文化符号的选择和处理。

[①] 转引自林坚：《关于"文化"概念的梳理和解读》，载2013年第5期《文化学刊》。

第二节 文化三角观与文化层次论

大"C"(Culture)和小"C"是外语教学中最重要的文化符号分类方法之一,大C涵盖正式体制(社会、政治和经济)、历史名人、文学作品、美术、科学等精英文化内容。小C包括日常生活的各个方面,如衣、食、住、行、工具及目的语文化成员认为必要且适当的行为模式。

美国《21世纪外语学习标准》(简称《标准》)将大C与小C视为外语教育中不可分割的整体,指出任何语言水平的学生都要理解、参与到这两类文化之中。外语课应该着重展示母语文化与目的语文化的相似与不同之处,通过与目的语成员的直接的互动交流,使学生体验不同的文化表达形式。在大C和小C分类基础上,《标准》提出了"文化三角论"及教学策略,文化三角即"文化包括一个社会所有的哲学观念、行为习俗和社会产物——有形的和无形的"。图7—1说明形成一个文化群体世界观的哲学观念与文化产物以及文化习俗的紧密联系:

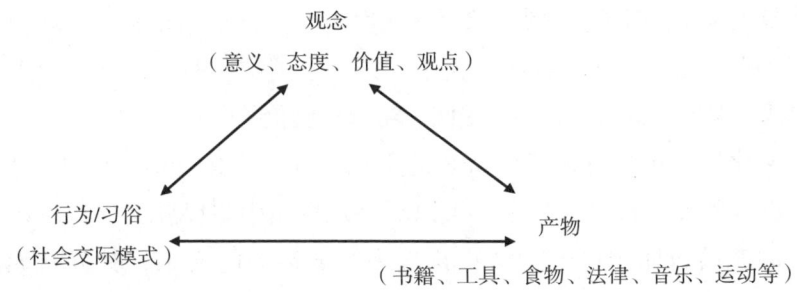

图 7—1 文化三角图

文化三角图形象地梳理了不同层次、不同形态文化点或文化符号的区别及联系,可以促进学习者探索文化要素之间的关联,提升学习者语言文化的敏感性和洞察力。在教材话题处理上,如果聚焦于"观念"这一端谈文化,可能给学生的言语交际技能训练带来负担,反过来,从三角的底部往上看,从可见可触的行为/习俗以及形态多样的文化产物出发,建立与文化观念的对应关系,更符合学习者循序渐进、从形象到抽象的认知心理,在教材文本语言难度方面也更容易和言语技能目标协调一致。

文化三角观梳理了不同形态文化要素的关联。关于文化形态的区分，文化层次理论（许嘉璐，2006、2017）认为，文化的定义和内涵纷繁复杂，需要借助人的体验与感知分成层级再观察。表层文化是可感知的，如衣食住行；中层文化既有形又无形，如宗教礼仪、行为风俗、文学艺术、制度法律等；底层文化是精神文化，一般人难以感知，或者是一般人知其然而不知其所以然，如宇宙观、伦理观、价值观、审美观。底层文化影响中层和表层文化，同时又受中层、表层的反作用。

文化三角观及文化层次论讨论了文化的不同形态，以及不同形态文化元素之间的映射关系，二者简洁清晰、可操作性强，对于教材文本设计时文化符号的选取及交际话题的处理可操作性强，值得重视。

第三节　教材中文化符号的选取及处理

一大批重要的文化符号塑造了中国人赖以生存的物质精神文化环境，其中经典的，如易经、风水、太极/阴阳、老子、孔子、孙中山、唐装/汉服、丝绸、丝绸之路、瓷器、国画、书法、围棋/象棋、文房四宝、功夫、园林、故宫、长城、生肖、针灸、中国菜、月饼、粽子、筷子、茶、中国结、剪纸、京剧相声、麻将、春节、中秋、端午、清明、和睦、团圆、慈孝、勤俭等。

以上文化符号包括可被感性认知的文化产物、文化习俗，以及一些深层文化观念，以这些文化符号为线索，可以更好地探索中华民族文化特质。

考察动态语料库中以上述文化符号为主要话题的文本，其分布如图7—2所示：

（1）反映文化产物类的热点话题分布

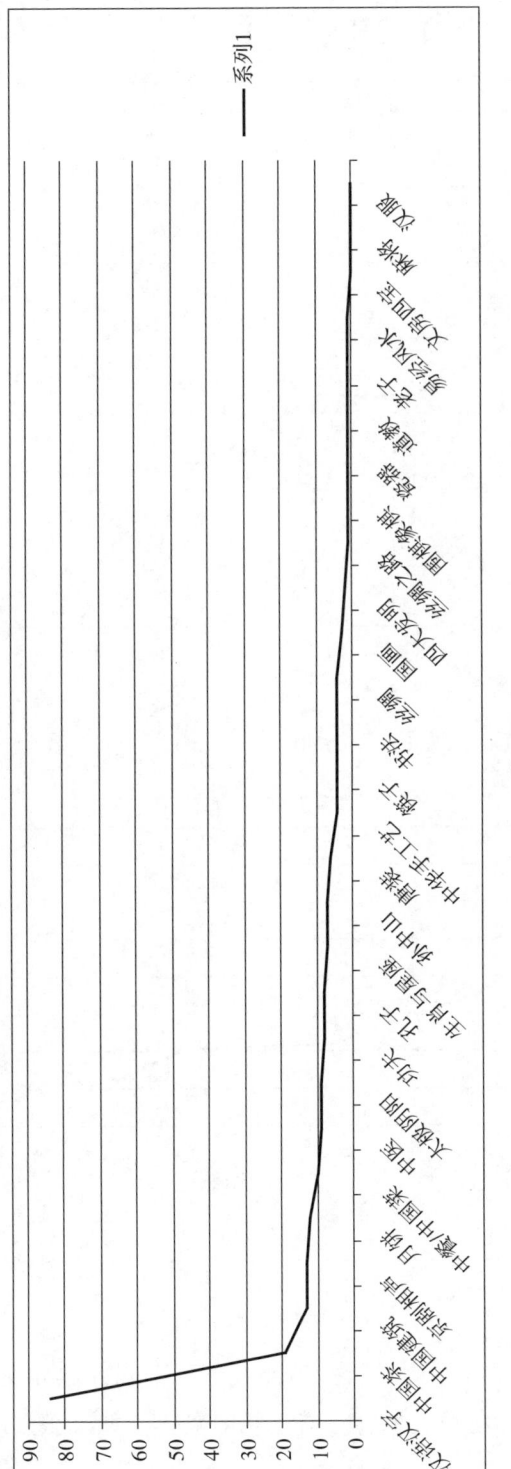

图 7—2

（2）反映节日习俗类的热点话题分布

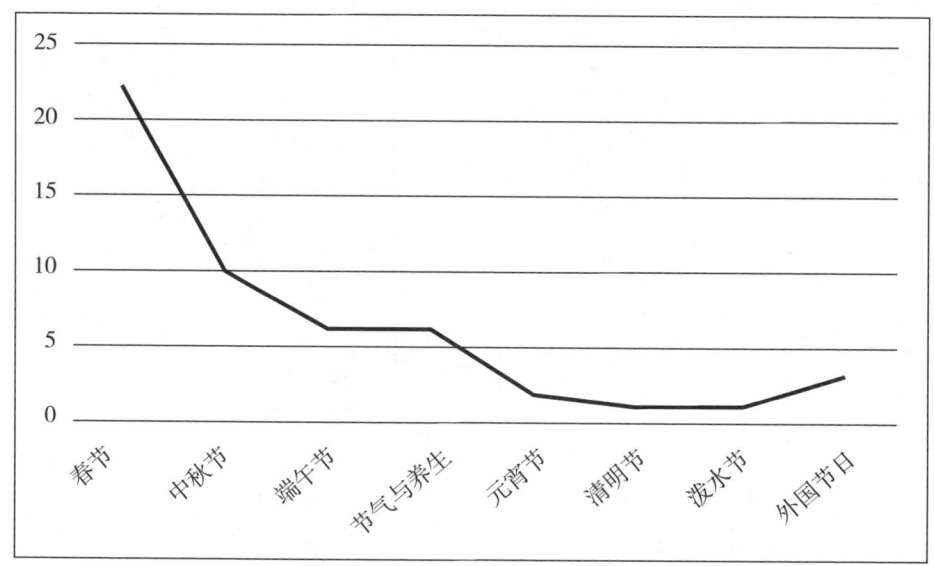

图 7—3

（3）反映文化观念的热点话题分布

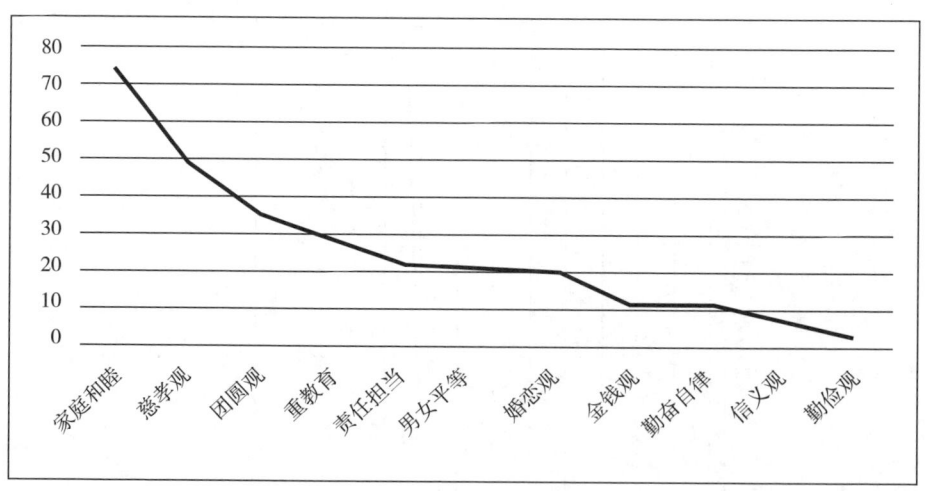

图 7—4

上述文化符号颗粒度不均，所指内涵及外延不同，比如文化产物中的中餐，内涵丰富，范围广，话题设计面宽。有的相对具体，如汉服、麻将，话题设计面相对较窄。在教材话题处理上可以区分以下两类情形：

第一类，重要的文化符号，同时也是教材话题选择的热点。例如汉语汉字、中国建筑、茶、春节等。

第二类，重要的文化符号，较少或不受教材关注。比如麻将、汉服等。麻将历史悠久，是中国人日常娱乐生活的重要文化元素，在调研美国中学汉语课堂时，我们发现一位汉语教师将打麻将与语言交际任务巧妙地结合起来，颇受学生欢迎。从社会文化变化及跨文化交流发展来看，近年来一系列新闻报道显示，美国和欧洲有越来越多的民众喜欢上了麻将。2005年，欧洲成立了麻将协会。2007年，首届世界麻将大赛在成都开赛。因此，"麻将"未尝不可以考虑进入对外汉语教材。又如"汉服"，近年来，一些喜爱传统文化的年轻人在一些特殊场合穿汉服，汉服是一个可以将挖掘传统生活内容及新闻话题贯连起来的文化符号，而动态语料库中尚未发现以麻将和汉服为交际话题的课文。

在文化符号的处理方面，建立"关联"理念对于文化内容的贯连至关重要，关联可以发生在观念、行为/习俗和文化产物、文化观念之间。从目前的数据统计来看，教材话题处理比较缺乏不同层次、不同形态文化符号之间有价值的关联处理。一些重要的中华文化符号，比如中秋节与月饼话题，很多教材课文都有涉及，但主要内容大多浮于文化表层，有的提到上超市买月饼，有的谈月饼的豪华包装，有的谈月饼送礼及社会现象（价格节前昂贵、节后便宜），还有的谈月饼的滋味和品种等，极少数涉及月饼的传统寓意是中国人求团圆的心理。又如国画，多数教材谈国画的绘画特点、落款方式、结构布局、散点透视方法、作画工具等，读起来更像是文化常识的介绍，仅有一个文本谈到国画大师齐白石。目前教材涉及的重要文化符号，在文化内涵挖掘方面还有较大的提升空间。

龙煌汕（2016）参照汉语国际教育动态语料库的话题标注体系，考察了西欧三套经典第二种语言教材话题中的文化点（包括目的语文化以及非目的语文化），他统计的结果是：

Sueña：文艺事件、文艺形式及作品（音乐、戏剧）、传统习俗与礼俗（婚礼、宗教仪式）、礼仪、景观/景点（人文）、文化比较（时间意识、刻板印象）、城市地区。

Nuovo Progetto Italiano：城市地区、历史人文故事、文艺形式及作品（童话、音乐、歌剧、绘画、雕塑）、艺术人生（作家、音乐家、画家）、跨文化视野（移民）。

New Headway：民间故事、艺术人生（作家、音乐家）、文化比较、文化适应、文化产物（美食）、城市地区、文艺形式及作品（电视剧、小说、童话诗）、文化观念、历史人文故事。

西欧经典第二种语言教材中的文化符号处理，从艺术形式贯联艺术作品，艺术对象贯联艺术家的人生，教材文本文化信息丰富，与交际话题有效结合起来，提升了外语教材语言与文化结合的实用性。

在国际汉语教材编写上，选择适当的中华文化符号，设计教学话题，挖掘文化符号中的文化信息，讲述丰富多彩的故事，必然有利于引发学习者的学习兴趣和表达欲望。

第四节　文化传播视角下的文化符号选取

对外汉语教学是中华文化海外传播的一种形式，本节从文化传播学的角度讨论汉语教材文化符号的整理、抽取以及处理。

王丽雅（2013）选择了25种中国文化符号，针对美国、俄罗斯、印度和德国受访者，考察他们心目中对这些符号的认知和好感度。这些文化符号包括长城、太极图、龙、北京故宫、兵马俑、大熊猫、功夫、中华烹调、丝绸、中国园林、中华医药、瓷器、唐装、旗袍、汉语、春节、中国水墨画、中国诗歌、中国音乐、京剧、儒家、道教、北大、清华等。调查结果认为，长城、大熊猫、中华烹调是最具知名度的中华文化符号，太极图在不同国家的认知度不一，受访者对待中医的态度较为中立。文章认为，在文化传播策略方面，对于在海外已经有了一定认知基础的文化符号，应深挖其文化内涵中的积极因素，赋予中国核心价值观内涵，以促进中华文化在对外传播中争取话语主动权。尽管上述调查范围有限，但主要结论值得思考：在文化传播过程中，有一定认知基础的文化符号，更容易引发学习者的兴趣。

这一结论在国际汉语教学及教材研发中也是适用的。例如，辛平（2000）使用《汉语文化双向教程》（杨瑞、李泉主编，1999）开展教学，在教学反思中她提到："在介绍长城、十三陵的单元中，对话部分切入的角度是'阴阳和风水'，初看这一题目，我们觉得很惊奇，原因有二，一是风水的观念虽然在中国老百姓的思想中具有一定的普遍性，但大多是把它作为封建迷信来批判的，不带批判色彩出现在教材中比较少见。二是'风水'一词所包含的文化内涵太多，对于初、中级语言水平的学生恐怕很难解释清楚。可在实际教学中，学生很快就理解了'风水'的内涵。经过调查得知，很多学生在国外就听说过'风水'一词，而且也很感兴趣，希望进一步了解，这一点是我们没有料到的。"通过上述案例可知，对于外国人有一定认知基础、有探究兴趣的中华文化符号，我们的了解并不充分，如何确定最有价值、最适于中华文化国际传播的文化符号，哪些文化符号可以进行教材，如何进行话题处理，还需要深入的研究。

以下从文化传播视角，结合文化三角观以及文化层次理论，综合各类汉语教学大纲中的文化主题描述，尝试梳理可用于对国际语教材的中华文化符号。

第一类，具有世界影响力、传承性文化符号

具有悠久历史传承和世界影响力的中华文化符号，从教材研发以及教师知识结构来看，又区分两种情形：

第一种是只要对中国文化的世界影响力有一定常识，就能辨识出来的文化要素，如：长城、故宫、大熊猫、春节、中秋、月饼、茶、书法、中餐、京剧、孔子、丝绸、瓷器、豆腐、少林寺、功夫、西游记、针灸、汉语汉字、苏州园林、唐帝国、兵马俑、道教、孙子兵法、丝绸及丝绸之路、孙中山……

第二种情形是传播价值有待挖掘的文化符号，如：麻将、功夫、太极、围棋等。这类文化符号是最具代表性的中华文化符号，但是有的教材编者并不了解这些文化符号的世界影响力，也不了解学习者对这类话题的兴趣度，如上文提到的"中国功夫"，教材语料库统计数据显示，上世纪90年代以前的教材都没有涉及这个文化点的，这反映了编者对中华文化符号的选择取向。上世纪90年代以后，一些教材中出现了"功夫"话题，但从未涉及"李小龙"这一标志性人物。其实，自上世纪70年代以后，中国功夫伴随李小龙的电影在世界范围内广泛传播，正是李小龙的功夫电影让英文词典中出现"kongfu"一词。1999年《时代周刊》列出20世纪英雄与偶像人物名单，李小龙与英国已故黛安娜王妃、美国总统肯尼迪等一同上榜。2003年美国《黑带》杂志推出李小龙逝世30周年纪念专辑"李小龙对美国武术界的恒久影响"。2008年，中央电视台拍摄电视剧《李小龙传奇》，导演谈拍摄体会时说，李小龙是一张全球通行证，当摄制组在世界各国取景遇到麻烦时，"李小龙"三个字让所有难题迎刃而解，这位导演对李小龙辞世三十年后在全世界的巨大影响力感到不可思议。可见，"李小龙"已经成为和功夫文化类似的文化符号，他的许多故事和话题值得进一步挖掘，也未尝不可以进入教材。

在教材研发上，挖掘外国学习者有一定熟悉度，具有代表性、有历史传承的中国文化符号，设计相应的话题，对教材文化内涵和话题趣味性的提升很重要。不过，从什么角度，以什么方式，才能自然切入话题，将文本语言形式与文化信息更好融合起来，需要更多的思考。

第二类：具有世界影响力的创新性文化符号

中国最近三四十年来发展日新月异，新事物不断涌现，国家政治经济文化综合影响力不断上升，出现了一大批具有世界影响力的创新性文化符号。从一些新事物来看，移动支付、高铁、中国网络小说、共享单车等都成为新兴文化符号，在国内外获得相当的影响力[1]，甚至成为外界管窥中国的重要视点。

在创新性文化符号方面，跟踪时代发展资讯、提高对中国发展的文化自信非常重要。周质平在《边缘人语：中国不是博物馆》[2]一文中指出："许多人不远万里来到中国，他们想看的绝不是上海黄浦江边的高楼大厦、高架公路。他们想看的，近的是清末民初的小脚花轿，远的是秦砖汉瓦。造成这种博物馆心理的原因，一方面固然源于洋人对中国的无知，以为中国始终停留在百年之前；但另一方面中国人也不能全辞其咎，我们不说中国文化则矣，一说就无非是'五千年悠久历史'。而反复介绍给洋人的所谓中国文化，从书法、京剧到功夫、茶艺，都与当代中国人的生活几不生交涉。我们在不知不觉之间，始终在强调中国是个古文明，中国社会依旧是个农业社会。洋人的博物馆心理又何尝不是我们自己一手调教出来的呢？"中国近四十年来从封闭走向逐渐开放，再到找出文化自信，与世界文化平等对话，从民族文化心态的变化历程来说，这个时间段是非常短促的，并不容易。教材中应该多挖掘积极向上、代表当代中国的创造能力的文化符号。

第三类：具有地域特色的亚文化符号

亚文化概念最初在上世纪50年代由美国社会学家大卫·雷斯曼（David Riesman）提出，是指青年人主体意识高涨，积极寻求自我的小众文化风格。亚文化也指在某个主流文化背景下，具有地域特色的次要文化。我们理解的中华亚文化是指在中华主流文化背景下，具有地域特色的生活方式、文化产物以及文化观念。

---

[1] 戚易斌、欧阳啸鸿：《中国网络小说走红国外 看各国如何输出特色文化》，http://news.china.com.cn/world/2017-03/31/content_40532491.htm。

[2] 周质平：《边缘人语：中国不是博物馆》，http://www.jnocnews.jp/news/show.aspx?id=7811。

挖掘亚文化符号,就是发现具有中国地域代表性,反映该地区人民生活习惯、文化产物以及文化观念特色的文化符号以及充满趣味、富有生活气息的话题,服务于面向地域使用的教学资源建设。

比如 2016 年走红的民谣:《成都》,歌曲中有不少地域性亚文化符号。如小酒馆、玉林路等,这些文化符号的流行传达了古老城市的慢生活的感染力,显示了年轻人个性崛起,需要更多的自由和交流,对和自己相似的群体、熟悉的事物快速产生亲近感,这种情绪又感染了更多相关不相关的人群。而某些主旋律文化元素不像过去那么容易传播和成功扩散。

总体上,国际汉语教材编写针对教材的适用地区与使用人群,可以涉及有特色的文化产物、文化行为,但应以传播中华文化核心价值观念为主体。

第四类:便于跨文化沟通比较的中国文化符号

适用于跨文化比较的文化点是话题处理对中国文化符号选择的重要考量因素。与学习者母语文化背景相似而又不同的生活方式、行为习惯,为学习者提供了比较思考、交流讨论的话题。以日常生活为例,餐具中的筷子、交通工具中的自行车、体育运动中的乒乓球、考试制度中的高考等都是不错的选择,相关话题可以蕴含多层次文化比较与贯连。

第五节　不同层次文化符号的关联处理

文化符号是通过历史积淀选择出来的,是民族一定时期物质文化与精神力量的外化。在教学中,综合性语言课和专门的文化课对文化符号的处理有较大区别。在综合性教材中,语言与文化结合的方式要适应交际技能以及语言要素训练目标,教材文本中包含的文化符号及文化信息往往经过故事化、体验化加工,形成适当的交际话题,因而容易被感知和讨论,实现课堂有效的交际互动。文化课教材对文化符号的处理不同,一些文化信息可能被详细介绍,文本材料主要承担文化认知功能。

教材话题处理的一个重要任务是发现并建立文化符号之间的关系,这种关联涉及不同学科知识、不同层次文化现象之间的贯通与贯联。这与美国《21 世纪外语学习标准》中的主张是一致的。

美国《21 世纪外语学习标准》提倡跨学科、内容贯联式学习,认为当外语学习与更广泛的课程内容结合时，有助于拓展学生的教育经历。在外语学习上，学生把在其他学科中学到的信息与外国语言文化的学习联系起来，可以扩展并加深对其他领域的知识的理解和接触。例如，外语教师可以谈历史课上介绍的人名事件、地理名称，还可以给学生介绍新闻记者对历史事件的报道，或者是文学作品中对生活在那个时期的个人的描写。如果在艺术课上学到的艺术家和音乐家的成就，学生们可以在外语语课堂上阅读各种参考材料中的文件、各种人物的传记中关于成功与失败的描写，以及历史人物的个人信件和日记中记录的自传材料。如果说外语教学的跨学科贯联有赖于学校教育体制的配合，那么对于综合型外语教材来说，文化符号的抽取以及交际话题处理，一旦实现贯联式学习，其结果不仅加深文化符号的内涵深度、所涉范围的广度，更是增加学习者兴趣，拓展育人空间、传递丰富多彩的文化信息。

一、表层文化符号与深层文化符号的组合

以下举例说明。

"茶"，最重要的中国文化符号之一，也是教材的高频文化词语。以"茶"为话题，可以关联一系列表层或深层文化符号。经统计，汉语国际教育动态语料库中关于"茶"的文化信息，主要涉及以下侧面：文化行为，如喝茶、饮茶、早茶、三道茶。文化产物：茶馆、大碗茶、酥油茶、奶茶、茶的种类（龙井、碧螺春、茉莉花茶）。有关"茶"谚语：如三茶两饭。总体来看，有关"茶"的话题教材中往往各取某一点，提到相关名词为止，不作文化贯联和拓展。

中国是"茶"的故乡，深厚的"茶"文化基础可供贯联拓展、探究讨论的信息非常多，比如从老百姓的日常生活入手，"茶"是中国人待人接物、社会交往、生活礼仪的重要内容。但不同地区人民生活习惯不同，福建人爱喝功夫茶，广东人爱喝早茶，白族人喝三道茶，藏族、蒙古族地区喝奶茶。而"功夫茶""早茶""三道茶""奶茶"的文化内涵和一般的茶有所不同。茶有益于健康养生，绿茶、红茶、普洱茶各有功效。茶源自中国，传播到世界各地，世界各地有不同的饮茶风俗和偏好，英国人爱喝下午茶，美国人爱喝速冲茶，泰国人爱喝冰茶。"茶马古道"有关茶叶贸易，历史上茶叶通过这条道路从云南运到西藏、印度等地。汉语有关茶的习用语很丰富，如，开门七件事：柴、米、油、盐、酱、醋、

茶、三茶两饭、茶余饭后等。从小文化来看,茶与礼仪、与饮食习惯、与生活方式有关;从大文化来看,茶与贸易、与全球传播、与华夏精神有关,这些话题在语言难度上有浅有深,可以在不同等级水平的教材中涉及、重复或加深,也可以设计相关单元,处理层次丰富的贯联。目前教材对这类重要文化符号的话题处理还有较大的提升空间。

贯联的另一种视角,是将文化符号后面的人类生活、情感故事关联起来。

《舌尖上的中国》是一部探讨中国人与食物之间关系的美食纪录片,节目推出后在国内和国际上都获得成功。英国著名导演菲尔·阿格兰认为,他在这部纪录片里能感觉到一种温暖,一种渴望交流、渴望融入世界、渴望被世界认知的中国人形象。《舌尖上的中国》以食物为窗口,通过美食,让人们有滋有味地认识这个古老的东方国度。"一方水土一方人",纪录片生动展示了人们日常生活中与美食相关的多重侧面,传递了中国人的文化传统、家族观念、生活态度与故土难离。为了适应国际传播,该片在语言表达方式上刻意多用短句,善于挖掘故事、讲述故事。从中华饮食入手,巧妙地讲述饮食背后味觉记忆、饮食习俗、人伦情感,以及中国人的坚韧、勤劳与苦中作乐。《舌尖上的中国》的故事讲述方式、语言表达方式、真诚的态度、文化贯联视角共同成就了一个中国文化国际传播的经典案例。[①] 其实,以中华饮食文化之博大精深,在世界文化中的独特性,还可以将贯连与文化比较视角结合起来,发现更多的文化符号切入点。林语堂在近一个世纪前的《吾国吾民》中提到中华饮食文化已到达艺术的高度,他说任何人翻开《红楼梦》或其他中国小说,将深深感动于详细列叙的菜单,何者为黛玉之早餐,何者为贾宝玉的夜点。郑板桥致其介弟的家书中,有赞糊粥之语……然而,没有英国大诗人著作家肯折节自卑,写一本烹调书,这种文学境域以外的东西,在他们看来没有著作的价值。[②]

综合性汉语教材中,与文化产物、文化行为、社会制度等表层及中层文化形态关联的文化符号相对容易处理,而抽象的、直接反应价值观、意识形态的深层文化符号,处理起来有难度。比如"和""孝""慈"等文化符号,如果教材话题涉及这类元素,如何引发学生的学习兴趣?

前面讨论了表层可感知的文化元素与深层文化元素之间建立关联的例子,反过来也一样,在深层文化观念和表层可感知的文化元素之间建立关联,是处

---

① 邓媛.国际先驱导报. http://ihl.cankaoxiaoxi.com/2014/0507/384920.shtml.

② 林语堂:《吾国吾民》沈阳:万卷出版公司年,2013 版,第 P283 页。

理抽象性文化符号的重要选择。比如"和","和"是中国文化中最重要的观念,也是最重要的文化符号之一,体现在个人与个人之间、个人与社会群体之间、人与自然之间的关系上。"和"的内涵深邃,可以通过一系列文化产物、行为习惯去感知:

通过建筑感知:故宫的太和殿、中和殿、保和殿的命名;

通过语言形式感知:民间谚语"家和万事兴""和气生财";

通过餐饮感知:中国菜"五味调和"等等。

其中,语言形式主要指成语、谚语与熟语。成语和谚语有很强的故事性,形式和意义凝固,映射深层民族文化观念,成为中高级教材中国文化符号话题化的重要选择。在汉语国际教育动态语料库中,以下一些成语或寓言出现的频率极高:愚公移山、塞翁失马、掩耳盗铃、井底之蛙、自相矛盾、刻舟求剑、狐假虎威、画蛇添足、亡羊补牢、惊弓之鸟、朝三暮四、竭泽而渔、破镜重圆、名落孙山等等。这些成语或寓言故事性好,可供讨论,又有深刻的哲学意味和文化内涵,因而被频频选用。

二、文化符号的多模态处理

综合教材中文化符号的多模态处理,是指教材中语言信息与文化信息结合的形式,不限于文字表达,也借助插图、漫画、真实照片、视频、音频等多模态形式加以处理。文化符号的多模态处理,可降低教材文本难度,增加学生对于文化符号的认知兴趣,更好地体现语言与文化的结合。教材文化符号的多模态处理主要包括以下方式:

多模态媒介协作:通过图画、图片以及文字的配合,图文协作,表达文化意义。比如关于春节的话题处理,在文字内容以外,背景图画或插图中出现鞭炮、灯笼、舞狮等春节典型的文化情景。

词汇分层处理:区分必学词和阅读词,以春节为例,和春节关联的话题高频词很多,如鞭炮、对联、除夕、守岁、压岁、灯笼、舞狮、舞龙等,不少词汇超出教材设定的水平难度,如果出现在教材中,只应作为阅读词,仅供了解。

《加油》的经验来看,不同年龄学习者对于教材中图文配合的兴趣和需求不一致。低龄学习者对于教材中的绘画、插图接受度较高,初中、高中阶段的青少年更希望教材中提供真实的照片,对于质量不好的教材漫画接受度低。文化符的多形态处理可以更好地实现教材中语言与文化的有机结合，多维度刺激学习者的认知兴趣，提高学习者对交际话题的学习兴趣和交流动力。

龙煌汕（2015）对西欧三套经典外语教材的考察认为，多模态是这些教材话题设计与处理的共同的、最突出特色，这些语言教材均有大量配图，图文巧妙配合提升了教材话题处理的灵活度和可接受度。

相较于传统外语教材主要通过文本形式传递目的语语言文化内容，西欧经典外语教材中文化符号以及相关交际话题的灵活处理，值得对外汉语教材编者重视。

小结

本章首先厘清了文化的多种定义，梳理了文化、文化点以及文化符号的关系。在文化三角观、文化层次论视角下讨论不同文化符号集合成员的映射关系。利用国际汉语教育动态语料库，统计教材交际话题中经典中华文化符号的分布，探讨教材中经典中华文化符号的选择偏好与处理方式。从统计分析来看，对外汉语教材对中华文化符号的处理，无论是从语言与文化的融合还是从文化传播效率看都有进一步提升的空间。

我们立足于文化三角观以及文化层次论，考虑中华文化元素的传播效率，将有中华特色的文化符号区分为以下四种类型。

第一类：具有世界影响力的传承性文化符号；

第二类：具有世界影响力的创新性文化符号；

第三类：具有地域特色的亚文化符号；

第四类：便于跨文化沟通比较的中国文化符号。

在文化符号的处理方面，分析了教材中一些重要文化符号的简单化，认为通过文化符号的形象感知、贯联感知以及多维度感知，设计文本内容，形成交际话题，可提升教材内涵的广度、丰度和深度，达到更好的文化传播及语言教学效果。教材中的文化符号，应该是多样化的，能够贯联丰富多彩的故事，成为外国学习者了解中国人物质精神世界的窗口，这些文化符号对于学习者来说有一定熟悉度，利于开展教学交际互动及话题表达训练。

从教材话题设计和处理出发，发现有价值的文化符号，挖掘不同文化符号的关联，总体上有利于教材质量的提升。

参考文献

1. 龙煌汕．从欧洲三套经典教材看对外汉语教材的话题处理［D］．北京师范大学，2016．
2. ［法］罗兰·巴尔特．符号学原理［M］．李幼蒸译．北京：中国人民大学出版社，2008．
3. 王丽雅．中国文化符号在海外传播现状初探［J］．国际新闻界，2013（5）．
4. 辛平．一部好用、实用、有趣的教材——介绍《汉语文化双向教程》［J］．世界汉语教学，2000（4）．
5. 许嘉璐．中国传统文化与现代文明［N］．文汇报，2006—7—23．
6. 许嘉璐．中华文化的前途和使命［M］．北京：中华书局，2017．
7. 杨瑞，李泉．汉语文化双向教程［M］．北京：北京语言文化大学出版社，1999．
8. 张德禄，张淑杰．多模态性外语教材编写原则探索［J］．外语界，2010（5）．

第八章 跨文化交流沟通与话题处理

跨文化交流沟通，指不同语言文化背景的人群在语言交际或思想交流过程中的沟通、碰撞及心灵契合，互相尊重、求同存异、兼容并包是跨文化沟通的基础。

汉语国际教育是中华文化与世界多元文化交流的形式之一，教材中必然涉及对跨文化因素的处理，而教学及教材中与跨文化因素相关的研究较多，主要集中在两个方面。

第一个方面，跨文化交际视角下语言文化内容的选择处理。主要观点如：教材内容既要重视文化差异，更要重视文化共性，国外主编的一些重要的汉语教材在差异与共性方面的平衡做得更好（欧阳芳晖、周小兵，2016）。认为当前国别化教材中文化对比的基础性研究不够，教材要重视日常文化以及语言与文化的有机融合（汲传波，2010）。

第二个方面，认为以往汉语教材中文化展示和文化弘扬的倾向突出，属于缺乏文化自信的表现，从跨文化语言教学的角度看，并不可取（李泉，2011）。认为教材内容对中国形象的塑造不理想，具体在4000余套教材范围内抽取出来的与独生子女话题有关的文本中，排位前20的高频词或表述绝大多数充满负面意义，如小皇帝、溺爱、任性、娇生惯养、养儿防老等（彭增安，2015）。提出教材中要善于展现换位思考，应以发展的眼光看待跨文化问题（亓华，2013）。

以上研究均涉及跨文化问题。本章从话题处理角度，探讨教材文化认知功能、敏感话题处理、文化消极因素处理等，并进一步探讨跨文化交流沟通视角下教材的话题挖掘。

第一节　教材的文化认知功能

以教育为目的的学习材料早在古希腊时期就出现了，古老的教材打破知识口耳相传的局限，以利文化传承。关于现代教材的基本功能有两种主要看法，一种是将教材视为对经典或权威知识的呈现或解释媒介，认为教材的核心功能是对知识和技能的传授。另一种是将教材视为提供教学研究与思考的材料或信息来源，不否认教材对知识和技能的传授，但认为教材知识的呈现需服务于学习者批判性思维的培养、能力的提升及对文化营养的采择吸收。教材的功能是作为（学习者）智慧发展及认知建构的阶梯。

在外语教材发展史上，教学理念决定教材的功能定位。结构主义语言学及行为主义心理学盛行时期，以知识观为指导编写的教材提供完善的语法体系阐释，教材设计服务于语言结构系统教授的需要，上世纪80年代起，一系列观点影响了教材设计导向，包括语言学习是语言应用能力养成的过程，语言与文化的有机融合，情感态度价值观成为第二种语言教学培养目标的组成部分等。1999年美国发布的《21世纪外语教学标准》阐述了第二种语言学习与跨文化理解的关系。主要有三点：（1）语言学习是文化理解的桥梁，对目的语文学作品中反讽、幽默等文学手法的理解与目的语学习是不可分的；（2）学习另外一种语言文化可以极大地增强个人发现与联系的能力，外语课程的内容涉及历史、地理、社会科学等，学生在获得跨文化理解的同时就容易形成跨学科的视角；（3）在外语学习中培养起来的语言文化的洞察力与沟通能力是每一个世界公民在生活中所必须具有的能力。

在教材内容上，目的语与母语文化的贯联和比较是外语教材文化认知功能实现的重要条件。本章节谈教材跨文化因素处理的视角及策略，涉及敏感话题处理、文化消极因素处理、跨文化视角下的话题挖掘等。

第二节　敏感话题处理策略

不同国家、地区都有属于自己的敏感话题，不同文化背景下的人们对同一事物具有的不一样的文化感知，某一文化传统下的人正面评价的，可能被另一文化传统下的人给予负面评价，视为文化消极因素。在人类社会生活中，敏感话题指交流双方存在严重分歧、不适合交谈或讨论的话题，涉及宗教、民族、地区分离、社会道德、社会制度等意识形态问题的分歧，或涉及个人隐私、价值判断的分歧。外语教材的敏感话题处理与一定文化背景下人们的社会生活体验有关，也和教师、教材研发者对于话题是否适合进入课堂公开讨论的判断有关。

根据敏感话题对于教材的适应性，可以区分不同的类别。

（1）禁止性敏感话题

从民族情感、文化常识、人际交往方式等因素综合加以衡量，这类话题完全不能进入教材。例如，面向穆斯林学习者的教材，谈及猪肉。面向泰国学习者的教材，谈论皇室的逸闻趣事、花边新闻。面向美国学习者的教材，谈论拉肚子这类尴尬疾病。面向韩国学习者的教材，谈论韩战、南北对立等问题。

禁止性敏感话题可以小到个人隐私、人生信仰，大到民族历史文化，这类话题之所以敏感，是因为它们不仅关乎文化价值取向，而且从个人情感体验出发，许多问题属于不能被用来客观讨论、评论或分享信息的话题。教材涉及这类话题只能带来负面的影响，需要回避。重大敏感话题处置不当，不仅影响教师对教材的选用，也涉及整套教材的成败。

（2）弹性敏感话题

话题涉及社会公共现象，有相当的敏感性，但对于不同文化主体来说敏感程度不同。有的教师也可能引导学生对这类话题展开讨论，如抽烟、喝酒、死亡、歧视、某些宗教性节日等等。弹性敏感话题是否能进入教材，以什么样的形式进入教材，看法往往不一致。

《加油》前期调研过程中，美国不同地区的中学教师对于教材不宜涉及的内容提出了建议。包括中学教材不要涉及抽烟、喝酒等话题，不要出现歧视性词语，其中特别提到，"弱智"一词有歧视色彩，应该用"智力障碍"这样的中性词来代替。教材中不要讨论圣诞节，因为圣诞节是基督教的节日，许多美国人不是基督徒等等。进入美国课堂实地考察后，我们发现受访教师对许多话题敏感程度的判断有主观性。洛杉矶一位高中教师在中文课堂上鼓励学生就"抽烟"话题展开辩论，学生表达观点，讨论抽烟的益处与害处、抽烟的原因、如何戒烟，课堂气氛非常好。在波特兰市一个小学的西班牙语第二种语言教学课堂上，教师和我们分享了他的自编教材，其中一篇课文是关于一只喜欢抽烟的猴子的幽默故事，深受学生喜欢。

正如申修言（1996）指出，学生（到中国留学的成人学生）讨论过关于歧视问题、对死刑制度的看法问题，这都是我们认为比较敏感的、应该回避的问题。但从学生讨论的情况看，（他们讨论这类问题）其实都是很积极的。学生们从各国的情况出发列举了各种歧视现象，种族、宗教、男女、年龄、国籍等等；有些学生讲了自己受歧视的遭遇；学生们对产生歧视的社会原因和个人心理原因都有深刻的分析。

因此，弹性敏感话题在教材中不一定需要完全禁止，可以根据教材对象、课程类型、话题类型以及语言资源的特点作灵活调整。有的话题不在综合性教材主干内容中体现，在课外阅读材料中可能涉及；有的话题不作为主要交际话题，作为导出性话题也许合适。如果把握好尺度，敏感内容可以吸引学生注意力，引发学生争论，鼓励学生批判性思维能力的发展，促进课堂言语交际互动。

此外，许多话题的敏感度需要在更大的范围内进一步考察。比如圣诞节，为纪念基督耶稣诞生而设立，本来是一个宗教节日，后来增加了圣诞卡、圣诞老人等元素，增强了家庭聚会、节日狂欢的意味。从节庆文化传播来看，圣诞节已经演变为一个重要的国际性节日，世俗化程度大为增强。以中国为例，三十年前除了少量基督徒，中国人是不过圣诞节的，而现在每当圣诞节来临，许多城市有大量年轻人加入圣诞节庆祝的队伍，他们的庆祝和宗教关系不大。同时，美欧不少国家和地区，年轻人、年轻家庭严守传统基督教生活方式的人群一直在减少，许多人周末是不上教堂的。因此，只要不去过多讨论圣诞节的宗教内涵，从节庆风俗、百姓生活、节日文化国际传播等角度切入，关于圣诞节的话题可以在教材中出现。

敏感话题涉及文化禁忌，但不等于文化禁忌问题，文化禁忌属于知识性内容。每种文化中都有禁忌现象，每种语言中都有禁忌词语。为了帮助学习者了解中华文化知识，汉语教材中可以出现涉及中国文化禁忌、语词禁忌的话题，比如关于死亡禁忌、送礼禁忌、命名和称谓禁忌，尽管谈及文化禁忌，本身并不属于敏感话题。正如中国古话所说，"入境而问禁，入国而问俗，入门而问讳。"许多内容恰恰是因为学习者不了解而需要教授的，这些内容可以增加学习者的目的语文化知识。从教材话题处理策略来说，文化禁忌性话题与敏感话题正好相反，文化禁忌性话题涉及学习者对目的语文化的了解，可促进学习者的跨文化意识。敏感话题则涉及对学习者文化背景和认知心理的尊重，取决于编者、教师的跨文化意识。

第三节 文化消极因素处理策略

同一种文化现象可能被一些人欣赏，却被另一些人给予负面评价。对文化的负面评价有可能造成跨文化交际障碍。发现文化消极因素，化解消极因素给学习者带来的文化误解，消除其学习障碍以及交际障碍是话题处理过程中需要考虑的问题。那么，有哪些策略能够不同程度地化解文化消极因素的负面作用，帮助学习者更好地认知、理解、尊重中华文化？

以下是话题处理方面不够理想的例子，有的有意或无意展示了文化消极因素。

在一套综合性教材中，课文讲述人与狗的故事，提到太爷爷为了哄父亲高兴，弄来一只流浪鬈毛狮子狗，但狗狗爱吵闹，受到主人的嫌弃被反复抛弃，后腿被捕鼠夹夹住致残，最终又被太爷爷装入麻袋，送去做医学实验。

这篇课文中，叙事主人公对狗的情感复杂，他同情忠狗的遭遇，但又为太爷爷辩解，觉得太爷爷虽然有遗弃动物的行为，毕竟还是收留了这只狗，即使最后把狗送去做实验，也可以理解。文章作者或许认为，流浪狗献身医学事业算是一个崇高的结局，死得其所。

遗弃动物，把曾经陪伴自己的宠物拿去作实验可能真实发生过。我国广西玉林地区有一年一度的狗肉节，人们在这个节日大量宰杀狗类，供人食用。而在很多国家，人们往往把宠物狗看作自己的朋友和家庭成员，虐狗话题很可能招致其他文化背景下人们的反感。作者曾经作为访问学者在美国加州生活，看到许多家庭的孩子和狗狗一起长大，宠物和父母一起送孩子上学，小狗甚至被允许进入图书馆某个角落陪伴孩子。因此，关于宠物狗，从人与动物之间的相互帮助和情感交流等角度切入或许更好。

同样是这套教材的另一篇课文，内容大致是一个小伙子对同事一见钟情，邀请意中人共进晚餐，因为久候对方不至，为弥补自尊心的伤害和别人闪电结婚。后来小伙子意外发现对方竟然有意于己，只是羞涩徘徊门外而未能赴约，于是小伙子非常后悔错过了当时的约会，也感叹对方没有提前一天告诉自己真相，否则就不结婚了。

这篇课文讲述的故事价值观十分扭曲。当事双方都不敢大大方方追求所爱，爱情受挫立即放弃，对曾经有过和正在经历的感情都缺乏耐心和尊重。尽管课文内容可以引发对恋爱、婚姻这类热点话题的讨论，但是故事本身也会引发不必要的、文化负面感受，比如怀疑这些故事是真的吗？中国年轻人难道都是这样的性格？因此，应该慎重处理相关材料。

一、心理换位思考

换位思考是一个社会学概念，指自我对于他人的一种心理体验过程，自我站在对方的立场上思考问题，通过设身处地为对方着想，将自我情感体验、思维方式等与对方联系起来。换位思考体现的是人心之间的理解和关爱。文化的换位思考，不仅仅是观察、思考并理解多元文化的异同，也体现了对不同国家文化价值观念的尊重和善良愿望。教材内容的文化换位思考，有助于培养学生对于其他文化的尊重，同时也是有效化解文化消极因素的良策。

《加油》上册第5单元第9课选文"中国不是博物馆"，文中谈到面对外国人对中国文化的负面误解，如何换位思考：

> 许多洋人和海外华人来到中国，为看不到旧中国、老北京而感到遗憾。有个美国学生曾跟我说："我到了北京，可是并没有看到北京，我觉得很失望。"
> 我急忙问道："是怎么回事？"
> 美国学生说："我以为北京是个古老的城市，没想到竟那么现代化！北京到哪里去了？"
> 听了他的回答，我有些同情，也有些困惑；有些难过，也有些自豪。我突然灵机一动，回答道："我第一次到美国的时候，也很失望。"
> 美国学生关切地问道："为什么？"
> 我一脸严肃地回答说："因为我没有看到牛仔挂着双枪，骑在马背上，我也没有看到印第安人拿着弓箭与白人打仗。真正的古老的美国到哪里去了？"

接下来，文中正面介绍中国的三峡大坝和青藏铁路等当代伟大工程。这篇课文用对比的手法，促使学生换位思考自己的文化猎奇心态，正视中国当代文化的发展。

《汉语文化双向教程》也采用了这一方式引导学生辩证看待中国文化现象。如介绍京剧一课，除了介绍了京剧的主要特点，还指出了当代的中国年轻人不爱看京剧的现状，分析了其中的原因，并且和西方的年轻人也不太欣赏西洋歌剧的状况作了对比。这样，学生不但了解了举世闻名的京剧，也更好地理解京剧在当今中国人生活中的位置（李泉、杨瑞，1999）。

二、共时性与历时性文化视角

共时和历时是结构主义语言学理论的重要术语，借用到文化观察中来，文化的共时性视角，就是指在某一特定时刻观察到的文化系统内部各因素之间的关系。文化历时性视角，是指从不同发展阶段所观察到的文化元素的发展特征。文化的共时性与历时性观察相结合，就是以发展性眼光，以系统观理解文化的结构和特征。

共时性与历时性文化观察相结合，是帮助学生理解中国变化、化解文化消极因素的又一重要策略。

普林斯顿系列教材《新的中国》善于以发展性眼光看待相关文化现象。正如作者前言中提到的："在《新的中国》里，（作者）是拿当今的中国与改革开放之前的中国比较。……我们发现中国近二十年来有了飞跃的进步，而这个进步也缩小了中西的差距，《新的中国》正是在这个基础上编写出来的一本对外汉语中级读本。"

《新的中国》话题范围很广，有涉及北京人日常生活习惯的话题，也有关于北京交通状况、高考、离婚现象、出版业等的话题。教材在叙述和对话中加入了作者的意见，既有对当下文化现象的观察，也有通过新旧对比引发对当代文化中的发展因素和积极因素的思考。

中国有悠久灿烂的文化传承，而最近一个多世纪以来，社会文化和价值观念变化之剧烈前所未见。近三十年来，中国文化与世界多元文化的接触、对话、融合的程度进一步增强。崇尚动物保护、环境保护、个人隐私与个人自由、休闲与旅游、崇尚和尊重公民意识、志愿者精神、慈善精神等文化观念和文化现象流行，社会行为随之改变。在教材话题处理上，基于中国国情，以动态的、系统性、发展性眼光来梳理中国当代纷繁复杂的文化现象是有必要的。反过来，割裂语境和文化土壤，谈文化观念和文化行为的差异，并不可取。

三、刻板印象识解

人类悠久的文明发展形成了多元文化，基于对一定社会、一定人群物质、精神文化范式的认知，可以对文化的类型作为区分。但是，要避免将文化类型简单化。文化刻板印象，就是文化的机械分类。文化刻板印象有着深刻的社会原因和心理原因。简单来说，在人类社会生活中，任何文化均有在其他民族人民看来负面的因素，并且，人们很难做到对异文化全面而深入的了解，很多时候只能撷取部分，主观上有意无意地由部分推知全部，用所接触到的个例进行推理，或者道听途说，人云亦云，最终对另一种文化的理解流于简单化、类型化、主观化和负面化。

在有的国际汉语教材中，因涉及文化刻板印象，造成中华文化或中国形象塑造的负面因素。比如，谈到关于个人隐私问题，描述中国人喜欢打听别人年龄、婚姻状况以及收入状况的特点，并和西方人注重个人隐私作比较。这种比较没有意义。在现实生活中，全球化背景、个人文化教育素养、年龄特征、人际关系亲疏等因素，使不同人群对待隐私问题有不同的态度。在今天的中国，如果说在文化程度不高的陌生人之间打听对方的年龄、婚姻状况以及收入状况可能常见，那么对年轻人而言，陌生人之间轻易谈论此类隐私显然不合时宜。再看对于西方人的刻板印象，拿美国人对薪水这类隐私的态度来说，一些年纪大的人仍然认为社交场合直截了当地提薪水是很不礼貌的行为，然而对于年轻白领，跟一般朋友公开谈论薪水则非常自然。[1]

再如一个真实的跨文化交际案例中，一位外派美国的汉语志愿者教师以中国古代四大发明作为话题向学生们介绍中国的辉煌文明和对世界的贡献，希望让学生对古代中国产生敬仰之情。然而出乎意料，这位教师视为毋庸置疑的文化定论，在美国学生所受的教育中有不同表达，于是师生当场争执，场面一度失控。如果教师能够适当预测双方文化认知上的错位，提供时间和史实让学生自己思考，并加以引导，结果或许不至于太糟糕。

17 世纪法国著名的科学家和哲学家布莱士·帕斯卡（Blaise Pascal）在其《思想录》中曾经提到，人们更容易相信他们自己发现的理由，而不是别人告诉他的理由。这也是跨文化沟通心理原则的最好注解。当然，如果跨文化沟

---

[1] 参见孙天.美国年轻人将薪水带出禁区［N］.环球时报，2008—7—16（B2）.

通发生在教育场合中，更需要适当引导。

综合起来，与跨文化因素相关的话题处理策略包括：善于避免内容隐含的文化刻板印象，以发展性、动态性、系统性眼光看待当代中国文化的各种表象，以积极的心态展现中国国家形象和中国人形象。通过换位思考进行文化比较，化解文化识解误区等。

四、幽默策略

幽默是因发话人和受话人之间语言信息传递时有意无意的落差而产生的，高级幽默不仅使人发笑，而且蕴含了深刻的文化内涵。幽默的功能是充当人际关系的润滑剂，人际间再大的尴尬和冲突都可以一笑化之。正如林语堂所说，幽默是人类心灵舒展的花朵。

世界多元文化孕育了形式多样、内涵丰富的幽默。理解幽默、欣赏幽默是外语学习的高级形式。在跨文化交际中，幽默无异于跨文化交际的金钥匙，幽默有助于我们感知文化差异，帮助我们以平和的心态看待文化差异，润滑跨文化交际的不确定性，并增强用目的语交际的自信心和有效性。

从国际汉语教材发展历程来看，话题的趣味性、幽默性不高一直是教材处理上的普遍性问题，但其中也不乏处理很好的案例，比如《汉语口语》是一套在英国使用的、很老的汉语教材，长期受学生欢迎。其中一段课文写道：

我有一位朋友姓王，是上海人。我们都叫他小王。……小王今年三十二岁，有四个女儿，没有儿子。因为这四个孩子很小，所以他总是很忙，很累，有一位朋友问他为什么生这么多孩子，是不是想要个儿子？小王说："我不想要儿子，可是我父母想要孙子。"

这段课文与中国家族文化、子嗣传承有关，对英国年轻学生而言，话题中的文化差异或许不容易解读。但是教材以小王的自黑式幽默暗示深层的文化含义，轻轻一点，让人浮想联翩，读起来充满乐趣，所以受到学生欢迎。

第四节　跨文化意识与话题挖掘

教材的话题设计，从跨文化比较来看，往往是那些同中有异、异中有同的文化点更具价值，更容易引发课堂交际互动和讨论思考。

行为层面的跨文化交际因素，和语义功能紧密相关，如称呼、问候、介绍、感谢、称赞、请求、拒绝、道歉、告别等言语行为，谈话距离、表情、身体接触等非言语行为，以及打电话、拜访、请客、聚会、送礼物等行为习惯或交际事件，在这些项目中，都能发现与跨文化因素相关且有价值的话题选点。

本节基于教学大纲以及文化圈概念，梳理跨文化比较视角下的话题挖掘。通过这类交际话题，学生不仅了解表层的文化元素，如中国人如何表达请求和拒绝，如何招待客人，如何称呼家人及同事等，并且深入探究文化中层以及文化深层元素，如学校制度、教育理念、艺术形态、价值观念等。

一、文化比较点与话题挖掘

从话题挖掘的角度看，有助于比较母语与目的语语言文化的同与异，引发学习者观点表达的文化点都值得考虑。

以下基于各类汉语教学大纲的归纳，跨文化交际案例分析，以及汉语国际教育动态语料库相关热点话题统计，梳理和文化比较因素相关的话题选点线索。

1. 基于大纲的文化比较点

当前重要的外语教学大纲以及汉语教学大纲，如欧盟语言共同框架（CEFR）、美国《21世纪外语学习标准》（*Standards for Foreign Language Learning in the 21st Century*）以及《国际汉语教学通用课程大纲》等都有对教学或教材主题/话题的列举式纲要。综合各类大纲的描述，我们认为可以从五个维度概括文化信息的教学价值：联系生活的体验价值；对文化表现形式与所表达的观念关系的贯连价值；对目的语、母语文化概念的比较价值；信息交流价值；语言应用能力培养价值。

本节根据上述特征，结合语料库话题标注结果，梳理了以下文化比较点，为国际汉语教材话题挖掘提供参考：

（1）与日常生活相关的饮食习惯、教育方式、入学制度、交通工具、居住环境和居住方式、娱乐方式、穿着方式、旅行方式、体育运动等。

（2）与行为方式相关的社交礼仪、餐桌礼仪、电话礼仪、拜访亲友礼仪等。

（3）与社会生活相关的重要节日、烹饪艺术、学校生活、家庭结构、交友、婚姻、父母对孩子的教育与影响、社会制度、法律法制等。

（4）与上层建筑、意识形态相关的音乐（现代音乐和古典音乐）艺术、哲学、宗教、戏剧、审美观、大众艺术、图腾（中国龙与西方龙的比较）等。

2. 基于跨文化交际案例的文化比较点

2010年至2013年，本书作者参加了全球志愿者教师跨文化交际案例研究项目[①]，通过文献阅读、实地访问、问卷调查、座谈多种方式，收集了美国、英国、法国、丹麦、意大利、泰国等多个国家志愿者教师、孔子学院相关教师以及公派对外汉语教师跨国生存，在教学过程中产生的或者是亲身经历过的跨文化典型案例近200例，这些案例反映了亲历者在教育、礼俗、生存等领域的跨文化适应焦虑，以及跨文化交流沟通过程中的困惑甚至冲突障碍。我们将案例中易于引发思辨讨论的部分文化比较点抽取出来，这些文化点易于引发思辨讨论，可为教材话题设计提供参考：

（1）入乡随俗类：砍价习惯、小费习惯、身体距离、送礼问题、宠物，警察行为、未成年人买酒问题、移民和故土、聊天时的话题禁忌、待客之道、要不要带病工作等。

（2）教育行为及教育观念类：教师行为、家长行为、学生对教师的评价标准、学生差异化教学、残疾学生特殊教育、如何看待考试作弊、快乐成长教育、师生相处方式、监考方式、考试成绩与保护隐私、打分公平性问题、考试评估标准、教师着装。

（3）观念类：男女平等、团队合作精神、真理观、面子观、恋爱观、金钱观。

（4）其他类别：知识产权保护等。

从教材话题设计上说，完成单元话题与交际话题层次规划与综合统筹后，在话题切入方面，需要进一步思考，从有争议、有冲突、有困惑的文化现象入手，往往能够引发学习者思考与讨论。同时，也要根据教学对象、学习阶段等要素，进一步甄别话题选点。文化现象的差异不等同于跨文化问题，很多时

[①] 该项目为国家汉办委托北京汉语国际推广新师资培养基地完成的"志愿者教师培训大纲、课程和教材研发"项目 [110105006]。

候,可以用现代化进程的不同阶段解释某些文化差异,比如以往有教材提到中国旅馆卫生间细节和国外的差异,将其作为一种跨文化差异现象,而我们看到这类差异伴随中国的发展而快速变化,这类生活故事不一定能挖掘深层的跨文化差异。编者的跨文化意识,对于话题选择与处理的方向影响重大。

二、文化圈意识与话题挖掘

文化圈是文化人类学描述文化分布的概念之一,最早由德国民族学家格雷布纳提出。文化圈可以从以下方面作描述:文化共有属性、文化相关性、空间范围。文化人类学界对文化圈的划分并不一致,有五大文化圈之说,也有九大文化圈之说,宗教属性是其划分的重要依据。我们讨论的文化圈,更多地从文化相关性出发,可以称为文化要素传播圈及文化要素共鸣圈。希望针对不同国别、不同文化背景、不同认知水平的教学对象,把握文化要素的连续性与多样性,便于话题处理与话题挖掘。

例如,可以通过汉语汉字、茶、功夫等文化符号讨论中华文化传播圈。如果认真探寻上述文化元素在全球的传播路径,会发现许多话题适合进入教材。以汉字文化为例,最近一则新闻显示,困扰韩国社会多年的"去汉字化"仍然是引发社会关注的焦点问题,争论的焦点包括汉字是不是外国语、韩文是否离不开汉字以及是否有必要恢复小学汉字教育。因此,谈汉字文化在东亚的传播,对面向韩国的汉语教材来说,是一个不错的话题。

又如,以中华崇尚的仁爱孝悌、和谐包容、重礼敬长、重视教育、融通辩证、勤奋自律、勇毅力行等精神内核讨论中华文化共鸣圈。拿重家族、重继承的慈孝文化来说,慈孝文化涉及人性至爱、家庭亲情,既反映人类普遍情感内核,又有其特定的社会结构背景和家族文化内涵,在不同文化背景人群中引发的共鸣感不同。说到泰国、埃及、印度,可能会想到这些国家之间,这些国家与中国之间在文化形态、宗教信仰上的巨大差异,怎么能把这些国家的文化贯联起来讨论?我们发现,这些国家人民与中国人在慈孝文化上具有情感共鸣。相应地,面向这些国家的汉语教材研发中,涉及家庭亲情、家庭关系、父母关爱、儿女孝报类话题可以考虑靠前排序、在重要的篇目中表现。这种判断不仅是笔者在教材研发调研及教学培训中的反馈信息,有关看法也可从一些文化资讯中获得印证。中国电视剧《父母爱情》在埃及受到观众热烈欢迎,创下埃及国家电视台收视新高。对此，埃及艾因夏姆斯大学教授纳希德指出，"也许中埃两国历史背景不同，文化上也有各自特色，但是我们在两个社会间仍然能够找到共通点——中国和埃及都是东方古国，家庭在我们心中占有重要地位，家庭成员关系非常紧密，两国人民在协调家庭关系方面也有共通之处"。① 在慈孝文化上，欧美许多国家显然与中华文化圈不同，在基督教、天主教国家，信主是一切道德的源泉，不同于慈孝文化主张孝道是一切道德的源泉。以美国人的日常生活为例，一般来看，父母对儿女的慈爱无所不在，但成年儿女谈不上对父母尽"孝道"，但也不好认为是"父慈子不孝"，只是两代人彼此责任承担，日常相处的方式与我们不同。

再如，学校教育重视对小学生纪律意识的养成，重视培养个人对团队规则的认知、服从与遵守意识，这些中国中小学教师熟悉的做法，竟然在丹麦小学教师中产生共鸣。作者曾在丹麦开展跨文化交际案例研究，与丹麦第二大城市奥尔堡的中文教师座谈，老师们认为丹麦学校在学生纪律教养方面和中国太相似了，丹麦孩子入学早期，便要学会对纪律和规则的尊重、遵守、服从。而中国也重视孩子的纪律养成，善于训练孩子对规则的遵守、服从。因此，在纪律养成方面，将中、丹视为一个文化圈也未尝不可。而丹麦学校在纪律养成的同时重视培养孩子的团队合作精神，重视训练学生学会与人有效沟通、遵守规则而又根据情况协调改变，这一点或许与国内中小学的普遍做法有所不同。

而关于团队合作意识，可以提到另一个案例：美丽中国项目。美丽中国是一个公益项目，将成千上万中国高校以及美国高校的优秀学生组织起来，前往中国云南、海南一些教育最不发达地区开展支教活动。当谈到对中美两国大学生差异的看法，这个项目的创始人潘勋章说，中国的大学生和美国大学生没有什么不同，虽然中国学生的团队合作意识和美国学生相比明显较弱，但是两国学生都非常能干和优秀，知识面广，善于克服困难、乐于奉献。

可见，文化相关性有很多切面，我们关心的是，从教材话题处理的需求出发去发现、比较、贯联不同的文化现象或文化圈。

三、文化自信与话题处理

外语教学是一门工具性与人文性相结合的艺术。外语教材在整体设计上需

---

① 中国电视剧收视率在埃及连创新高. www.cri.cn（访问时间：2016年5月14日）.

要整理语言应用领域的交际情景，如个人、公共、职场和教育等领域丰富多彩的交际话题。外语教材还要整理各种文化要素，确定话题选择和处理的切入点。不过，所有的技巧性处理应以尊重母语文化为前提。

2017年5月，在美国马里兰大学毕业典礼上，一个名为杨舒平的中国留学生发表了毕业演讲，一时令舆论哗然。杨舒平赞扬美国的空气，认为甜美（Sweet）到了奢华（Luxury）的程度，而在中国时她不得不随身准备五个口罩。由呼吸的空气大谈精神言论自由的空气，这位留学生完全失去了对母语文化的自信以及对家国、故土的朴素感情。

所以，如果将对外汉语教学视为中华文化与世界多元文化交流沟通的一种形式，教材中的文化自信非常重要。所有的求同存异、求同解异、换位思考、幽默风趣都是策略性技巧。在文化比较与文化反思时，不能认识进而认同民族历史文化中的闪亮光辉，文化传播也可能产生障碍。二次世界大战时，欧洲犹太人面临纳粹的灭族危机，全世界几乎所有国家都拒绝给犹太人发签证，有的国家甚至让靠岸的犹太难民船原路返回，唯有中国的签证对他们开放，万千普通中国人在国家罹难、自身难保之际，宽厚地对待难民，与异文化民族人民和平共处。

中华文化历史悠久，几千年历史长河中，最核心的人格品质如善良、坚忍、内省、勤奋向上；最核心的人际关系原则如热爱家庭，热爱和睦；最核心的观念如由内而外，由个人而社会，寻求个人与集体利益和谐的大局观，以及更深层的民族文化基因热爱和平、包容尊重世界多元文化等等，这些文化特质一直存在，也会被传承下去。汉语国际教育的发展自信不应仅来自汉语的工具性和重要性，更应来自中国人对中华文化的自信。

小结

当今世界多元文化交融沟通，对异己文化的尊重和对民族文化根性的坚守都是很重要的。在跨文化问题处理上，教材编者可借助文化层次观、文化共鸣圈等思维视角，梳理文化的同与异，选择相应的文化切入点。文化层次论可将具体或抽象的文化要素及文化观点贯联起来，文化共鸣圈有助于确立教材编写的基本文化倾向或文化自信。从对文化差异的感性认知以及理性反思出发，可为教学及教材的话题处理带来不同的选择。当然,教材语言文化传播话语体系的建立,必须结合对语言形式的多重考虑。从跨文化要素来说,教材话题的选择与处理水平,体现在是否善于讲中国故事,是否能发掘具有跨文化比较价值、引发外国学习者认知兴趣的文化信息,以及是否能以幽默的、自信的心态及动态发展眼光把握话题中的敏感元素,避免文化刻板印象等。

参考文献

1. ACTFL. *Standards for Foreign Language Learning:Preparing for the 21st Century*. Kansas, USA:Allen Press Inc.1999.
2. P.C. Tung and D.E. Pollard. *Tung and Pollard's Colloquial Chinese*. Routledge, 1982.
3. 汲传波. 国别化汉语教材与跨文化交际[A]. 第十届国际汉语教学研讨会论文选[C].2010.
4. 李泉. 文化内容呈现方式与呈现心态[J]. 世界汉语教学,2011(3).
5. 李晓琪. 博雅汉语(高级Ⅱ)[M]. 北京:北京大学出版社,2006.
6. 欧阳芳晖,周小兵. 跨文化视角下的中美汉语教材文化呈现比较[J]. 华文教学与研究,2016(1).
7. 彭凯平,王伊兰. 跨文化沟通心理学[M]. 北京:北京师范大学出版社,2009.
8. 彭增安. 国际汉语教材中的独生子女形象分析[J]. 河南大学学报(社会科学版),2015(6).
9. 亓华. 论汉语国际教学中的"敏感话题"及其应对策略[J]. 北京师范大学学报(社会科学版),2013(2).
10. 许嘉璐. 未达集[M]北京:中国社会科学出版社,2015:125—143、239—241.
11. 许嘉璐. 中未惬——许嘉璐论文化[M]. 贵阳:贵州人民出版社,2005.
12. 杨丽姣,肖航. 面向语义搜索的语料库语境信息标注研究[J]. 语言文字应用,2015(1).
13. 杨启亮. 教材的功能:一种超越知识观的解释[J]. 课程·教材·教法,2002(12).
14. 张岱年,方克立. 中国文化概论[M]. 北京:北京师范大学出版社,2004.

第九章　人物设计与话题处理

　　古波、帕兰卡和丁云这些名字，是上世纪 80 年代最有影响力的国际汉语教材《实用汉语课本》(刘珣，1981) 中的主人公。多年以后这些人物姓名仍然留在当年使用过这套教材的学习者脑海中。

　　人物设计就是角色设计。角色一词源于戏剧，1934 年米德 (G.H.Mead) 首先运用角色这一概念来说明个体在社会舞台上的身份及其行为。现在，角色概念被广泛应用于社会学、心理学甚至管理学等其他学科研究中。实际上，角色是一个抽象的概念，它本质上反映一种社会关系，特定角色集中了人们对该角色反映的社会关系特征的期待。角色必须通过具体人物实现，比如戏剧角色要通过演员表演出来。教材中需要各种各样的情景角色，这些角色通过教材人物设计呈现出来，传递相关言语会话信息或话题内容。

　　从人物设计和话题处理的关系来看，人物设计影响了教材宏观话题布局，以及话题之间的贯联、呼应。人物设计也和话题选点、话题切入、话题信息推进有关，人物取名与教学效率和文化因素有关。教材常常利用角色的社会关系属性，展现日常生活场景下的对话及其相应的语义表达功能。

第一节　人物设计与话题的宏观布局

　　从教材话题布局来看，人物设计可以分为两种类型，一种是连续剧人物，一种是情景剧人物。连续剧人物的身份是确定的，他们有名有姓，有个性特征，教材对他们的文化背景也有交代。这些人物的社会关系、文化背景、活动经历大致框定了话题的选点，人物经历的事件影响了教材话题的整体设计及布局。

　　情景剧人物的背景是模糊的，有的没名没姓，人物只是具体情境中不同社会角色的发言符号，如售货员与顾客、医生和病人等，用来展示不同社会角色的对答。在这些对答中，人物因情境而发生关联。

一、连续剧人物

在连续剧人物中，学习者是典型角色。学习者也是教材的使用者，编者以学习者为原型人物，能够增强教材的话题带入感。而学习者视角可以贯连或引导出众多联系松散的交际场景及话题，使文本内容前后发展、有效关联。

例如，90年代中国大陆使用较为广泛的《速成汉语初级教材（综合课本）》核心人物是几名来自世界各国的留学生，围绕这几个人物，还设计了一些相关人物，比如留学生的中文教师及中国同学，以及外围的家族人物，比如中文教师方龙的妻子及母亲，留学生艾米的父母等等。从整体上看，这些人物形成了留学生之间、留学生与中国老师及同学、留学生与中国家庭等几个大的关系圈。通过不同关系圈内人物的交往，教材展现了各种实用的交际场景、功能项目、相关文化内容与文化冲突。《速成汉语基础教程》与之类似，教材话题围绕留学生贝拉、艾米、彼得、山本、金汉成、大内和中国同学、老师的交往进行设计，涉及中国校园生活、日常生活、文化生活、社会生活等范围，具体话题如请客、做客、汉语学习、聚会、探病、运动、饮食、交通、介绍对象等，通过人物的活动空间、交往对象的变化带出不同的话题。

《中文听说读写》（第2册）（姚道中等，1997、2006），通过张天明及其同学、同屋等人物，引入校园生活话题。通过张天华的女友、妹妹、姐姐、父亲以及表兄等家族人物，带出中美教育观念比较、中国节日等话题。教材中人物的背景、心态、经历以及社会关系等综合因素，决定了话题的选点。另一方面，编者为了完成话题布点，需要由张天明为核心的一群人，陆续上场，随着人物活动空间、交际对象的变化，话题也随之变化。

《大为和海琳在中国》（张霓等，1999）是一部定向美国大学生的汉语教材。两位主人公海琳和大为都是美国人，大为去北京留学一年，而海琳去台湾探亲，由此引入台北和北京两地丰富多彩的生活话题。其中，海琳在台北"被相亲"的话题十分有趣，讲述了台湾婶婶热情地给海琳张罗相亲的故事，表现了中国式相亲场面中男女双方家长的微妙心态以及一些跨文化心理问题，可以激发学生的讨论兴趣。面向来华留学生的《速成汉语基础教程》中也有相亲话题，谈话主人公是两个北京人，他们是同事。由于话题受两人的身份背景影响，引发讨论的侧重点和《大为和海琳在中国》有所不同。

教材以学习者为主要人物，话题或情景便较多集中在校园生活中，这在一定程度上也造成了话题选点的局限性。因此，一些教材将主要人物设定为中国人，以便拓展话题中的中国文化内涵。《高级汉语口语》（上）（刘元满等，1997）以一个典型的中国家庭为主线，设计了林父、林母、林家的女儿、女婿、孙女、林家的儿子、儿子的同学以及林家的美国朋友罗伯特等若干典型人物。教材借人物的相关经历，以剧本的形式展开故事情节，展现中国家庭和中国社会的多个侧面。

总结起来，连续剧人物是可辨识的，人物社会身份、生活经历、活动空间的变化决定了相关话题的广泛性与局限性。

二、情景剧人物

典型的情景剧人物设计，如《中文听说读写》（第1册）（姚道中等，2006）为表现具体场景及话题而设计了众多非典型人物。这些人物没有个性特征，只有职业和身份的区别。如服务员、李小姐、王先生、学生、图书馆员等等。

另外一种形式是用对话人的年龄、性别、关系等特征指代人物，如《初级汉语口语》（戴桂芙等，2004），教材中的人物包括青年甲、乙、丙、丁，女生甲、女生乙，男青年与女青年，同事甲、同事乙等等；或者把人物名字省略，直接用A、B代替对话双方，如《速成汉语》（何慕，1997）。又如汉语学习网站Chinese Pod，所有课文人物都用A、B指代，A、B可能是吃醋的恋人、对老板发牢骚的职员、旅行途中的路人……这些模糊人物是名字模糊，但是社会身份明确。名字省略和模糊可以降低读者的记忆负担，但又要赋予人物明确的社会身份，才能方便地展现各种生动、幽默、实用的生活对话。

当然，用字母A、B指代人物，毕竟显得生硬。《中文听说读写》修订版第4版采用标签式头像指代情景剧人物，对于来读者说，显得亲和友好。

典型的情景剧人物一般不设定个人经历背景，情景剧人物话语与其设定的社会人物及规定情境吻合的程度，往往影响了会话语言表达的自然程度。

第二节　人物设计与话题功能实现

不同背景、不同身份人物对相关问题的认识不同，掌握的信息量也不同，存在信息差。因此，借助人物身份、背景的差异，可以方便传递信息、叙述经历、表达话题。

一、思辨型话题的人物设计

通过不同人物的观点表达思辨性话题，典型的设计如若干人物参加一场沙龙，不同角色就某个问题展开讨论，表达观点。也有的通过记者采访不同人物，表达对问题的看法。还有的设计个性冲突的角色，表现话题。例如，

女儿：妈妈，这辈子你过得快乐吗？

妈：为什么问这样的问题？你觉得我不快乐吗？

女儿：我不知道你怎么想，可是我觉得我不愿意过您那种日子。想想看，二十出头就结了婚，为家庭放弃了工作，从此与社会脱离，还不到三十就做了三个孩子的妈妈。

妈妈：快乐是没有标准的……

(《乐在沟通》第12课"快乐在哪里")

"母亲"与"女儿"两种社会角色天然存在代沟，关于幸福的不同看法是很自然的，编者希望表达的思辨性内容通过人物设计得以实现。

思辨型话题在中高级教材中较为常见。学习者在掌握基本语言结构、突破基础词汇限制之后，需要围绕某个话题抒发情感，发表评论。教材通过不同角色的观点表达、话题思辨为学生的交际互动、语言训练提供良好语境和基础材料。

二、信息型话题中的人物设计

不同社会角色掌握的社会信息不同，通过人物对答互动传递文化信息是对外

汉语教材常见的处理方法。典型的人物设计如学习者与同学、老师，朋友之间的对话。留学生往往也是好奇的发问者以及知情人，不同人物对相关内容的了解存在信息差，人物之间的沟通对答成为话题推进的动力，传达预设的文化信息。例如：

  李军：大卫，你来中国的时间不短了，你觉得中国和美国一样吗？
  大卫：有的地方一样，有的地方不一样。
  李军：比如说——
  大卫：美国和中国一样，都是大国……
  李军：说得不错，还有吗？
  大卫：还有，美国没有这么多自行车。
  ……

（《博雅汉语初级 II》第 34 课"美国没有这么多自行车"）

  上述会话借助人物文化背景不同所带来的信息差，表现中美两国交通方式的差异。编者把会话双方设为朋友关系，二者的言语互动及话题推进比较自然，贴近现实生活。还有不少教材通过教师与学生这对角色表现相关话题内容。师生身份意味着对信息的不同掌握，方便融入各种文化信息，但师生问答常常是模式化的，如：

  马老师：这是什么，你们知道吗？
  王子欣：这是中国地图！
  马老师：对。你们看，长城在哪儿？
  陆大伟：长城在北边。
  马老师：对，长城在中国北边。
  ……

（多媒体教材《乘风汉语》第 6 集）

  信息差的形成是由于会话的一方掌握了大部分信息，如果会话双方掌握的信息都比较有限，并且形成互补，那么话题内容或文化信息便是在交谈中逐步建构出来的。

例如：

  大中：小玲啊，是我。好久不见，你现在怎么样？
  小玲：还不错。时间过得真快，现在已经是三月了，我们就要放春假了。
  大中：是啊，春天就要来了，我们这儿的天气也快要暖和了。
  小玲：我们这儿已经很暖和了。今天是华氏六十二度，听说明天要到七十度，树叶也绿了。
  大中：真的吗？那太好了！我们这儿今天还是三十五度……
          （《中文天地》第17课"春天就要来了"）

上述这段课文的话题是"聊天气"，编者设计了对于这一话题有着不同体验的角色，对话人物的谈话相互补充，相互印证，相互推进，构建了话题表达。

三、人物独白与情节型话题

"独白"是文学作品中人物语言的表现形式之一。所谓独白就是人物面对虚拟的交谈对象，表白自己隐秘的内心世界，展现独特的思想性格。教材的人物独白便于叙述情节，传达信息，带出话题。人物独白增强了教材的体验感，相关材料有利于成段表达话题训练。

例如以下课文：

  大家好！我叫吴小美。我是从纽约来的。我学工程。我来介绍一下我的家。我家在纽约，有四个人：爸爸、妈妈、姐姐和我。爸爸是英国人，妈妈是美国人……
          （《中文天地》第6课"我的家"）

适合以人物独白表现的话题要集中在与日常生活相关的领域，比如与个人信息相关的话题，家庭介绍、工作生活、职业、邻里环境、爱好、家乡以及个人经历、体会、感受等；与学校生活相关的话题，学校课程、学习压力、学期安排、课余生活等；与旅游交通相关的话题，如旅行计划，旅途见闻等。

采用人物独白也有利于教材语言难度的控制。编者可以通过人物独白对原始语料进行裁减或改编。比如《加油》(许嘉璐等,2007)的"远方客人请你留下来"这篇课文,编者在"民族"主题下,确定少数民族接待礼仪切入点,选择白族、藏族和傣族三个民族,这三个民族的接待礼仪各具特色而又充满浪漫色彩,由于细节性知识太多,可能让学生感到畏难,于是设计了一个暑期到白族、藏族及傣族聚居区旅游的留学生,以留学生的体验视角及感受讲述三个民族的风俗故事,既控制了课文的语言难度,又增强了话题的趣味性。

第三节 人物设计的若干问题

教材人物设计的主要问题包括三个方面:人物形象内涵、人物设计效率以及人物取名问题。这些问题如果处理不当对于话题交流、话题内容表达会带来负面影响。

一、人物的社会身份

国际汉语教材的人物设计不仅仅是给人物取个名字、规定某个身份,让对话展开,成功的人物形象塑造往往是鲜活的,让读者感受到人物的个性。人物和其社会身份的切合度非常重要,在什么情况下、什么样的场合、对何人说什么话是人物设计的前提。编者需提前规划,避免过分关注语言点或功能项目,造成话语失去生活气息。例如:

A:来北京以后你看了几次杂技?
B:一次。
A:你是什么时候看的?
B:上个星期。
A:你看杂技看了几个钟头?
B:两个钟头。
A:你是在哪个剧场看的?
B:北京剧场。
……

(《现代汉语教程·说话课本》第1册第5课)

上述这段对话中 A 的提问是审问式的，B 的回答一板一眼，让人对两人的身份及关系产生困惑。两人不像朋友，不像师生，也不应该是警察和犯人。人物成为会话启动的符号。由于编者对人物的个性与内涵不作任何考虑，脱离了适当的语境，因此人物语言也不自然，与真实鲜活的生活对话相去甚远。

一旦编者考虑到人物形象的特定内涵，从具体语境出发设计对话，教材的语言便充满趣味性和实用性。如：

司机甲：你是怎么搞的，怎么乱撞？

司机乙：真对不起，我不是故意的。

司机甲：对不起就完了吗？尾灯坏了，你说怎么办？

……

（《汉语口语速成·提高篇》第 11 课 "有话好商量"）

二、人物设计效率

在不少教材中，设计了人物群像，并区分主要人物与次要人物。比如《速成汉语初级教材（综合课本）》一共设计了 17 名主要人物，主要人物当中又分六名核心人物以及一些外围人物。这六名核心人物是来自世界各国的留学生大内上子、山本正、金汉成、艾米、彼得和贝拉。这些人物虽然来自不同国家，他们的行为模式几乎一致，没有太大差别，比如把美国人艾米收到生日礼物这一课，换成日本人大内上子收到生日礼物似乎没有区别。

从教材人物设计的效率上讲，如果不能把握人物的独特内涵或人物之间的互补性，导致人物形象中有多人行为模式雷同，那么便无须设计两个或几个一样的人物。

有的教材考虑到了这一点。比如《我在北京》（董奇等，2009）的人物设计，教材中 "金银珠" 是一个韩国女孩，以她为背景设计的话题之一是谈 "肤色"，这个话题选点与人物形象的文化背景比较符合，韩国年轻女性普遍重视个人外表形象。

三、人物取名

教材人物的名字，比较常见的是按不同国家人名特点来取名，如韩国人叫朴正一、金汉成，日本人叫望月智子、大内上子，美国人叫马克、大卫；有的按中国人名特点给外国人取名，如美国人叫方华，德国人叫张山等；还有的是有中国特色的昵称，如叫小叶、老王、老董、阿山、大龙之类。

在具体教学实践中，许多教师感受到，如果采用连续剧编排方式设计篇目，人物形象贯穿整册书，学生就容易把人名与相应的言语内容联系起来。反过来，如果采用杂志体式相对独立的篇目，不同课文之间出现许多不相关的人物名字，学生可能会迷失在这些名字当中，增加了阅读理解负担。比如有这样一套优秀口语教材，话题实用，语言生动，但其人物取名有值得商榷之处，该教材第1课出现了叫马丁的瑞典人、叫昆丁的英国人以及不分国别的两个人物，克雷门和傅华夫。这些人物并不是贯穿全书的典型形象，这些按照音译原则起的名字并不能增加学生对中国人姓名的感知，只是增加学生记忆的负担，也给课堂言语交际带来一定困扰。

汉语教材不是为故事情节而存在的，但往往涉及一定的叙事及多种场景。叙事与人物是不可分的，编者不应该割断具体人物与特定会话的关系，让人物仅仅成为会话开始启动的符号，应该对人物形象做出细致的考虑，包括人物的性格特点、取名、社会身份、社会关系等等。编者需要考虑学生的认知心理与认知特点，使人物易于学生辨认，看上去就像他们所认识的人或感兴趣的对象。另外，也要尽量寻找人物形象与特定话题的联系，这样有助于学生更好地体会什么样的人，在什么场合下如何进行话题表达。

小结

总体来说，汉语教材人物设计的意义体现在三个方面。第一，教材通过不同人物展现各种场合的实用会话，引导、贯连相关话题，表达文化内容。第二，教材中的人物可以分为情景连续剧人物和情景剧人物两大类型。学习者是教材中最常见的典型人物。人物的身份背景、社会关系、活动经历等一旦确定下来，便制约了话题选择的范围与方向，影响了文化信息的表达传递。从类型上说，情景连续剧人物设计对于教材的整体话题布局以及具体选点产生了较大影响。情景剧中，形形色色不同职业、不同社会身份的人物可以灵活展现各种情景对话。第三，编者需要仔细考虑人物设计的效率、人物内涵以及人物命名，以便使得会话或故事内容生动有趣，反映真实语言生活。人物命名问题处理不当可能造成学生的理解困难，造成话题交流障碍。人物如果内涵缺乏，容易沦为表现语言内容的提示符号，语言材料往往显得脱离真实语言生活。

参考文献

1. ［美］悉德·菲尔德.电影剧本写作基础（第三章：人物）［M］.钟大丰、鲍玉珩译.北京：北京联合出版社，2016.
2. 白建华.乐在沟通［M］.Boston: Cheng and Tsui Company. 1996.
3. 北京语言文化大学速成学院.速成汉语初级教材（综合课本）［M］.北京：北京语言大学出版社，1995.
4. 戴桂芙.初级汉语口语（上、下）［M］.北京：北京大学出版社，2004.
5. 刘颂浩.乘风汉语1［M］.北京：高等教育出版社，2005.
6. 董奇.我在北京［M］.北京：北京师范大学出版社，2009
7. 何慕.速成汉语［M］.北京：北京大学出版社，1997.
8. 李德津，李更新.现代汉语教程·说话课本（第1册）［M］.北京：北京语言大学出版社，1999.
9. 李晓琪.博雅汉语初级Ⅱ［M］.北京：北京大学出版社，2005.
10. 刘珣.实用汉语课本（英文注释）［M］.北京：商务印书馆出版社，1981.
11. 马箭飞.汉语口语速成·提高篇［M］.北京：北京语言大学出版社，2006.
12. 荣继华.发展汉语（初级）［M］.北京：北京语言大学出版社，2006.
13. 设计理论：让人物站到你面前，http：//www.webjx.com/htmldata/2007-05-31/.
14. Sue-mei Su. Chinese Link 中文天地（Elementary Chinese）［M］. New Jersey: *Pearson Education*, 2006.
15. 邢朔，李家琛.浅析游戏中的人物设计［J］.艺术与设计（理论）.2007（8）.
16. 杨德峰.走进中国［M］.北京：北京大学出版社，1997.
17. 杨寄洲.汉语中级口语教程［M］.北京：北京大学出版社，2007.
18. 姚道中等.中文听说读写（第1、2册）［M］.Boston: Cheng and Tsui Company，1997, 2006.
19. 张霓.大为和海琳在中国［M］.New Haven:Yale University Press. 1999.

第十章　话题设计的衡量与评价

以教育为目的的学习材料早在古希腊时期就出现了，古老的教材打破了知识口耳相传的局限，在文化传承方面承担了重要角色。现代教材的基本功能有两种主要的看法，一种与古代教材的功能类似，将教材视为经典或权威知识的传递媒介。另一种将教材视为教学研究与思考的材料及信息来源，教材知识呈现服务于学习者批判性思维培养、能力提升及文化营养的采择吸收，教材是学习者智慧发展及认知建构的阶梯。

外语教材也有类似的功能变化。在结构主义语言学及行为主义心理学盛行时期，以知识观为指导编写的教材提供完善的语法体系阐释，课文作为语言结构的范例，服务于句型结构的操练。自上世纪80年代起，人们普遍认同语言学习过程不仅是掌握符号系统和结构规则，更是语言应用能力的养成，语言与文化是不可分的，教材是对学生目的语语言与文化认知能力发展的刺激物。

第一节　话题总体设计评估维度

话题总体设计评估维度包括教材话题统筹组织的恰当性和科学性，话题设计的框架、层次、话题颗粒度，话题表现形式的多样性，话题与教材其他要素相互联系的协调性等。

一、系统性维度

如果将国际汉语教材话题设计视为一个系统工程，就需要厘清系统的框架结构，以及系统中各要素的关系，涉及的评估因素包括：

（1）话题框架。从基本的文化主题到单元主题，单元主题包括的交际话题，交际话题相关的讨论题，不同层级话题的构成安排合理性。

（2）话题颗粒度。颗粒度（Granularity）是一个物理学概念，是指颗粒性的客观度量。自然语言处理领域的义项颗粒度概念，说明义项划分的精细程度。在国际汉语教材话题研究中，话题颗粒度指话题范围的大小精细程度。话题设计应考虑不同层级话题、同一层级话题侧面的颗粒度是否大致均匀，范围是否合理。

（3）话题关联度。一本教材或一套教材中的话题的相关性、连续性和复现性。

（4）影响系统结构的其他因素。人物通过什么类型的设计贯联交际话题等。

二、形式多样化维度

不同话题组合的丰富程度，是衡量话题总体设计的重要因素。话题设计形式多样化水平评估维度包括：

（1）广泛性。话题选点的广泛性。话题选点广泛是调动学习者学习兴趣的重要因素，话题选点范围也要结合教材使用者年龄、教材类型因素综合考虑。

（2）语体、文体多样性。评估交际话题的文本来源，特别是文本相关语体或文体的多样性。语体构成包括对话体和叙述体。具体形式如访谈、演讲、新闻、漫画、笑话、散文、小说、应用文体等。

（3）模态多样性。评估声音、视频、图片、文本两种或多种模态形式结合，是否更好地表现相关话题。

（4）文本话题和超文本讨论题的结合是否适当。

三、要素协调维度

教材编写要对诸多教学要素进行统筹协调，仅仅就话题设计本身下功夫是不够的。话题总体设计要考虑和其他教材要素的协调性。包括以下四个方面。

（1）话题热词和教学目标词部分重合，相互协调。

（2）话题和交际功能的协调性。话题内容能够覆盖重要的交际功能项目，二者具有协调性。

（3）话题内容涵盖了教学目标中的文化点，二者具有协调性。

（4）话题提供的语境信息与语法点典型的语境框架具有协调性。

第二节　话题处理评估维度

为实现一定语境框架下的交流沟通，话题处理需要对语言材料的形式和内容加以选择和加工，包括确定话题切入点、文本表现形式、对语言文字表达进行加工等。基于对话题功能阐释，我们从交流沟通维度、文化内涵维度、词语处理维度、认知心理维度以及总体特色五个方面对话题处理进行评估。

一、交流沟通维度

话题处理的首要目标是构建交际语境，实现文本所蕴涵话题的交际价值。与之相应的交流沟通评估维度包括：

（1）话题开放性。文本内容便于交际双方的思想交流、情感沟通、观点阐述、议论评判。

（2）话题实用性。文本内容与学生生活、感情经历、语言应用环境的联系程度。

（3）话题思辨性。文本内容促进批判性思维培养，引起学生独立思考、客观争论的兴趣。

（4）话题新知性。文本内容有利于新知获取，启发学生的思维和创造力。

二、文化内涵维度

话题处理不仅构建了交流沟通的语境框架，也提供了学习者认识目的语文化、进行跨文化比较的视角。教材话题内容应具有丰富的内涵，相关评估维度包括：

（1）文化内涵的可体验性。文本内容利于学习者感知丰富的日常生活、社会生活和文化生活内涵。

（2）中国文化符号选择适当性。话题处理对文化符号选择和切入的适当性，话题能否帮助学习者了解中华文化。

（3）国际视野宽度。体现国际视野，在全球多元文化背景下看待事物的发展变化，文本内容促进学习者对中华文化的兴趣，促进学习者对中华文化与其母语文化的差异进行探索分析。

三、词语处理维度

教学目标词语和话题高频词语的相关性是话题处理的重要内容。词语处理评估维度包括：

（1）话题高频词语的难度控制。话题高频词语和一定等级教学目标词语的关联度。对文本词语难度的调整是否恰当。

（2）话题高频词语数量控制。话题高频词中的超纲词数量，根据教学需求对超纲词数量的调整。

（3）高频词的话题适应性及价值。为了完整表达一个话题内容，高频词语是否充足、恰当。话题高频词对学习者汉语应用能力训练的价值如何。

四、认知心理维度

该维度考虑话题处理是否符合学习者的认知心理，评估维度包括：

（1）话题的年龄针对性。不同年龄人群的心理特点和多元智能发展水平不同，话题兴趣也有差距，需要区分幼儿、小学生、中学生以及成年人，考虑话题年龄针对性是否适当。

（2）话题的国别针对性。不同国籍、不同文化背景下教师使用者话题兴趣的差异。

（3）学习者热点话题关联度。教材话题与学习者的热点话题契合度如何。教材话题是否能调动学生的兴趣，是否能激发学习者的求知欲和表达欲。

（4）话题编排顺序。话题编排顺序和学习者的心理预期的适应性。最受关注的，学习者急需表达的话题在教材中是否获得优先顺序。

五、表现形式维度

话题处理的表现形式对于教材整体面貌影响较大。具体评估维度包括：

（1）语言表达形式。国际汉语教材话题处理需要考虑汉语语言特点，汉语的书面语和口语有一定的距离，教材语言太过书面语或太过于口语倾向都会失之偏颇。采用书面化的口语表达相关话题更为理想。

（2）多模态话语表现形式。文本、照片、图片、漫画、音频、视频等多模态话语形式综合编制水平，文本是否有利于调动学习者多通道感官，提高话题兴趣度。

（3）多元话题配合形式。文本话题和非文本话题的配合，交际话题和讨论题的配合。话题综合设计是否促进学习者表达欲望，营造有意义交流沟通的语境。

第三节　基于类别语义特征的评估与衡量

教材话题设计与处理是综合性、系统性工程，对交际话题的孤立评判会降低评估的效度。话题处理评估应考虑不同层级、不同类别话题的语义特征。

汉语国际教育动态语料库研究提出三个层级话题标注体系，第一层级话题大类反映宏观文化视点，第二层级话题反映单元主题，第三层级话题类别反映语篇交际话题。本节基于第一、第二层级话题语义特征进行评估与衡量。

一、基本信息类话题

基本信息类话题为第一层级话题，该类别的二级话题涉及人物介绍以及描述事物时间、地点属性等静态信息。这类话题内容简单，为人际交往提供基本的语义信息，通常出现在初级阶段教材中。针对基本信息类话题，评估的维度包括：话题表现形式多模态化，话题信息的简洁性及实用性、词汇难度控制、句子长度控制等因素。

二、日常生活类话题

一级话题日常生活类包括八类二级话题，分别是餐饮、出行、购物、娱乐休闲、时尚、运动与健康、家庭与社区、日常事务，这些话题不仅涉及时间、地点等信息，也涉及具体情境下人物的行为方式。

日常生活类话题中，对现象及事件的评论一般不作为文本主要内容。核心话题内容往往展现对情景、事件以及人物行为的合理刻画。文本对日常生活趣味性、时尚性、体验感的捕捉和表现，是影响话题处理评估的重要因素。日常生活类话题在文本难度上往往高于基本信息类话题，主要在初级、中级难度的教材中涉及。

三、社会生活类话题

一级话题社会生活类包括五类二级话题，分别是：学习与成长、人际交往、工作职场、经济生活、社会现象。从人类生存体验来说，社会生活类话题内容与日常生活类有交叉，也涉及事件以及人物行为。并且，社会生活类内容中多多少少要体现对人类行为的评价、反思。因此，从话题处理上看，话题的思辨性、趣味性、针对性、实用性、体验性是话题处理评估的重要内容。社会生活类话题在文本难度上往往高于日常生活类话题，主要在中级或中高级难度的教材中涉及。

四、文化生活类话题

一级话题文化生活类包括八类二级话题，分别是：语言文化、文艺作品、文化习俗、文化产物、文化观念、多元文化、地理与历史、自然与科学。在语言与文化信息结合的深度和广度上，文化生活类话题相关文本难度最大。话题的思辨性、话题处理的文化比较视野及国际视野是话题评估的重要维度。文化生活类话题主要在中级或高级阶段教材中涉及。

以上话题在不同水平等级教材中有所复现，伴随文本难度的加深，实现话题螺旋式循环。在一套教材中，话题呼应，话题的螺旋式循环是话题的处理重要的评估内容。

小结

本章从话题的宏观设计以及话题处理两个层面入手，讨论话题设计与处理的评估与衡量。话题评估的目的是促进话题设计及处理的科学性、系统性水平。

话题评估涉及的一些因素，如针对性、实用性、趣味性等，在一些第二种语言教材研究将其作为教材编写的原则性问题进行讨论。我们认为，话题设计和处理应该遵循教材编写的主要原则，二者并不排斥。但话题设计和处理作为教材编写的要素，有其特定的讨论内容。教材话题处理既不是单纯的语言问题，也不是教材内容涉及的文化要素问题，而是围绕交际教学法这一核心，对教材文本的语言和文化内涵进行选择、处理的一系列过程的总和。既然是进行选择、处理，并且反映编者的价值观、文化观，话题设计与处理问题就存在主观性的一面。

　　本章对影响话题设计和处理的诸多因素作出统一梳理，提出话题设计与处理的评估维度，包括系统性、相互制衡的要素评估以及基于语义特征的评估与衡量。

参考文献

1. Ide，N. and Veronis，J. Introduction to the Special Issue on Word Sense Disambiguation：the State of the Art[J]. *Computational Linguistics*，1998（24）.
2. 杨国荣. 日常生活的本体论意义［J］. 华东师范大学学报（哲学社会科学版），2003（2）.

第十一章　话题知识库与语言资源建设

知识库是用于知识管理的数据库，是求解问题所需领域知识的集合，包括基本事实、规则和其他有关信息。在语言研究及其相关领域，知识库被视为语言资源建设的重要形式。俞士汶（2013）认为知识库可分为两类：一类包含词典、句法规则和语义概念库；另一类是语料库，由真实文本及其所包含的语言知识组成。一些重要的汉语知识库，如现代汉语语法信息词典、汉语短语结构知识库、现代汉语虚词知识库，主要是为自然语言处理所用，为自然语言处理研究提供基础资源。随着汉语国际教育的兴起，越来越多的学者认识到知识库在语言教育领域也可发挥重要作用。陈群秀（2006）认为基于现代汉语语义知识库可以开发对外汉语辅助教学软件，促进互联网+对外汉语教学的发展。俞士汶（2014）认为综合型语言知识库有利于在互联网上加速汉语知识的传播，在对外汉语教学与教学研究领域中能够有所作为。

本章探讨话题知识库的设计、构建及应用，并结合面向汉语国际教育领域的语言资源建设及应用调研，分析国际汉语教材编写如何适应信息化背景下语言资源建设与发展模式。

第一节　话题知识库的设计、构建与应用

作为外语教学的核心要素之一，话题和其他要素密切相关，包括语义功能、话题高频词、文化符号、文化比较要素等。要构建面向汉语国际教育领域的话题知识库，需要梳理话题知识的来源。话题知识包括静态、动态两种类型，静态知识表示话题和其他教学要素的关系。动态知识表示为热点话题的更新，比如与真实生活关联的各类时事热点话题更新。

话题知识库的底层是关系型数据库，按照一定的话题知识分类体系，建立关

系模型，然后进行存储。话题知识通过网络发布实现数据共享，提升面向领域的话题数据信息化水平。

话题知识库的知识来源及知识关系可概念化，图示如下：

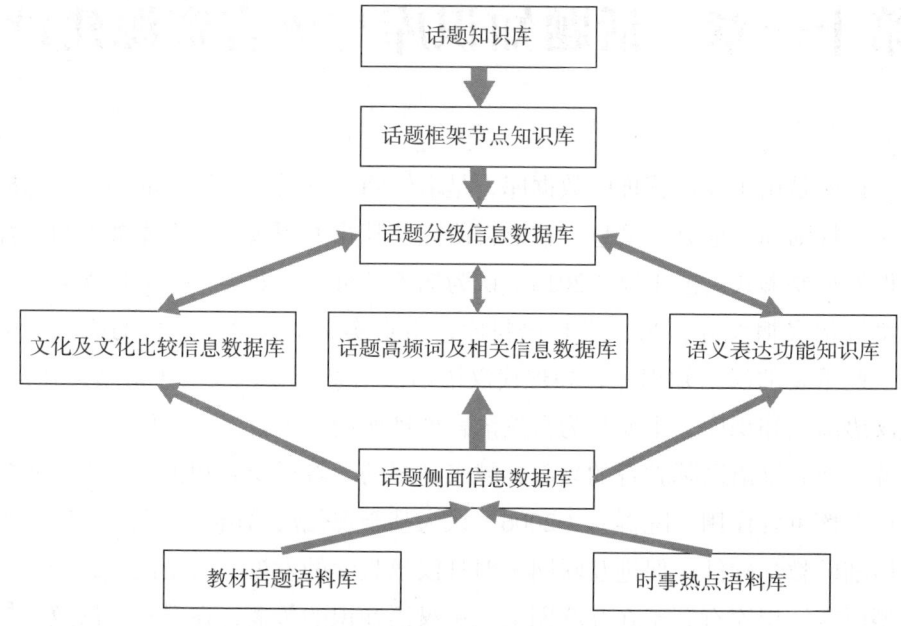

图 11—1　话题知识库的知识来源及知识关系

话题知识库的知识来源及知识关系包括如下内容：

（1）话题框架节点知识库。以汉语国际教育动态语料库话题三个层级节点表为框架构建。节点知识是综合性的，比如餐饮话题，涉及的文化符号有筷子、中餐、西餐、快餐等，涉及的高频词语如点餐、餐厅、小吃、饮料、酒等，涉及的文化比较点如中西餐具、中西餐饮礼仪等，涉及的语义表达功能如电话订餐、饭馆点菜、表达感谢、表达抱怨、说明菜肴制作方法等。这些信息有相当一部分存在交叉，许多语义功能同时也可以视为话题，如问路、打招呼、电话订餐等。

（2）话题分级信息数据库。基于文本难度量化特征体系，建立话题分级信息数据库，以话题为纲，建立话题与文化信息、话题高频词、语义表达功能关系数据库。

（3）文化及文化比较信息数据库。基于动态语料库以及时事热点语料库构建数据库，抽取文化符号的频率信息，构建相关数据库。除了关注中国传统文化信息外，中国的现当代文化、与其他国家的文化比较信息也应作为数据库构建的重点关注对象。如餐饮主题的文化信息数据，可能涉及不同餐饮文化食材使用差异、烹调方式差异、饮食方式差异、养生或营养观点差异等。

（4）话题高频词及相关信息数据库。基于动态语料库以及时事热点语料库，从语料中抽取相关信息，构建数据库，提供话题高频词的频率信息、难度等级信息。

（5）语义表达功能知识库。基于动态语料库，就对话、语段、语篇级别的语义表达功能进行标注，形成语义表达功能知识库。面向国际汉语教材编写最重要的语义表达功能如下：

人际交际：称呼他人、打招呼（引起注意，不需回应或推进对话，期待回应）、表达告别、进行挂号、寒暄、欢迎、提出建议、推荐、表达道歉、表达感谢、表达客气或自谦、表达没有例外、回应道歉、回应感谢、接打电话、接受邀请、拒绝邀请、请求帮助、约定、祝福别人、祝贺别人、祝酒词等。

情景交际：办理宾馆入住手续、办理海关与登机手续，说明钱币面值，银行开户、存钱、取钱，预订车票、机票、电影票、房间等，电话订餐、兑换货币，发出邀请，饭馆点菜等。

情感表达与交际：表达高兴、怀疑、安慰鼓励、期待、害怕焦虑、伤心难过、生气、责怪、烦恼为难、讨厌轻视、关心、感动、愿望（如求职），表达确信、表达态度（积极、消极、中立无所谓）、表达遗憾、表述后悔、表达愿望、表达推测、表达感受等。

介绍、描述与评价：介绍国籍、籍贯、年龄、身份、姓名、职业、住址、菜品特点等，叙述过程、经历，叙述具体困难，比较相同与不同、陈述看法、举例子、列举、开始话题、插入或结束话题、描述穿着打扮、描述家庭生活环境、描述某地风景名胜、描述物品故障、描述相貌、评价菜肴、评价能力等。

情况说明与表达：有关说明病情、说明病因、说明菜肴制作方法、说明基本联络方式、说明计划打算安排、说明某事即将发生、说明必要性、说明家庭成员、说明家庭人口、说明教育背景、说明结果、说明课程种类、说明某地主要特点、说明某人语言水平、说明目的、说明票面信息、说明亲属关系、说明人体部位、说明商品特点（大小、颜色、号码、质地）、说明商品质量问题，说明退换货原因、说明数量、说明所用交通工具、说明性格、说明饮食差异、说明饮食习惯、说明原因、说明职业特点、送行、讨价还价、网上购物等。

情况问答：问路、问答车次、电话号码、房间号码、问答服务项目和内容、问答汇率，问答空间距离、问答某人某物或某地的位置、问答某事发生的时间，问答年份，气候特点，问答日期，问答商品价格，问答时点、时段或星期，问答时空范围，问答天气情况，问答兴趣爱好，问答学校主要设施及其方位，问答用药，问答住房布局，家居物品方位等。

信息及情况询问： 询问国籍、籍贯、身份、年龄、姓名，询问意见、原因、病因、结果、目的，询问职业、住址等。

（6）话题侧面信息数据库。话题侧面信息是话题框架节点的细化，比如"餐饮"下分为多个话题侧面。话题侧面信息源源不断地从教材语料库及时事热点语料库中抽取出来，保持更新。

（7）教材话题语料库。扩充以教材语料为主的汉语国际教育动态语料库，使语料保持动态更新。

（8）时事热点语料库。利用面向话题识别的文本自动分类技术构建以及网络爬虫等工具，获取互联网新闻语料保持动态更新。

话题知识库的信息特征主要包括以下四点：

（1）信息动态更新。在教材编写要素中，语法点信息、语义功能信息相对比较稳定，而话题信息应实现动态更新，话题知识库要从不断变化的社会现象、流行时尚等热点话题中抽取信息，也要从突出口语特征的口语语料库、影视语料库等来源抽取信息，补充节点知识，更新相关数据。

（2）知识生成交互性。知识库满足教师、研究者或教育软件开发人员的知识获取需求，在设计方面应有良好的交互性，便于采纳知识库使用者对话题侧面性质的判断，以促进知识库的内容建设。

（3）知识可视化表示。知识库通过数据挖掘、信息处理、知识计量和图表绘制刻画话题信息和其他信息的关系，形成知识图谱，揭示话题知识领域的动态发展，为学科研究提供切实的、有价值的参考。

话题知识库的应用主要包括以下三个方面：

（1）服务于教学材料组织与研发

在外语教学中，教师和教学材料的关系有多种表现形式。比如，教师作为教学目标的主要执行者、语言材料的阐释者、练习辅导操练人员，或者成为教学目标的参与者或制定者，成为教学材料的研发者或整合使用者。在信息化以及大数据时代，资讯瞬息多变，学习者对于教材生活化、趣味性的要求不断提高，教学研发的数据资源以及结构化知识表示支撑尚有较大提升空间，话题知识库将为教师提供专门性、结构化、系统关联、不断更新的话题知识表示，服务于教学或教材研发。

（2）服务于分级阅读研究与材料研发

分级阅读研究在世界上已经有四十年的发展历史。[①] 大量研究证明，区分文本难度等级、挖掘学习者感兴趣的主题，实现广泛阅读是促进学习者阅读理解能力可持续性发展的重要途径。分级阅读研究在学习者阅读理解能力与文本难度特征之间搭建桥梁。话题分级信息数据库，基于读者的认知能力，通过对主题、词汇难度、句子复杂度、篇章语义复杂度等信息的综合计算和刻画，可以更好地服务于阅读分级研究及材料研发。

（3）服务于汉语语言智能应用研发及自然语言处理研究

当前，人工智能（AI）发展迅猛，语言智能作为人工智能的核心领域，应用场景与应用范围越来越广泛，如面向垂直领域的人机对话、机器翻译、文本自动分类、自动文摘、信息搜索、知识图谱可视化应用等。汉语国际教育领域语言智能应用研发方兴未艾，话题知识库构建可服务于本领域智能应用研发，为各类任务如智能阅读、人机对话等提供本体知识框架。

第二节　面向领域应用的语言资源建设及发展趋势

信息化时代，语言教育与语言研究对语言资源的需求加大，对于语言资源建设及其智能应用水平的提升提出了更高的要求。

语言资源有多重理解。从语言本体来看，语言资源本质上是一种社会资源，为社会所创造、利用，并为社会的需要而改变，形式上体现为有声言语表达以及各种文本等。从语言信息可被存储、加工和应用的特点而言，语言资源是有目的建设的、可被规划的语言数据，基本形式是面向不同领域应用的、多种模态的语料库、知识库、数据库等；广义形式也包括各种网站中的电子文本以及有声资源等。

其中，语料库及知识库作为语言资源建设的基本形式和最重要的成果，推动了相关领域的发展。在 CNKI 数据库以"语料库"为主题词检索文献，2000 年至 2015 年相关研究文献增长了近 8 倍。在外语教育领域，数据驱动学习思想

[①] 琳达·瓦理查.让孩子阅读适合自己的图书——欧美儿童分级阅读研究管窥[J].出版发行研究,2009,(9).

（Data Drived Learning）(Johns, T., 2002) 促进了教学中的语料库应用。知识库构建主要和语言信息处理、语言智能研究及应用开发目的相关。当前，面向国际汉语教育的知识库建设刚刚起步，成熟的资源有限，相关应用研发有较大的探索空间。

基于语言资源建设规划研究[①]项目成果，我们梳理了可服务于汉语国际教育领域的四类语言资源：

（1）专门用途的语料库及知识库

语料库对语言文字进行采集、加工和处理，为研究者及学习者提供真实语料，促进语言实证化研究。知识库抽取语言知识的属性与关系建立数据库，服务于语言知识的深度挖掘，为信息检索系统和教学应用的研发提供基础语言资源及语言知识支持。二者都需要依据规范或框架对资源进行精加工。例如 HSK 动态作文语料库为研究者提供了丰富的偏误语料。

（2）学习词典、资源平台及应用

指 PC 端和移动客户端汉语学习词典，以及综合利用各类语言资源搭建的资源应用平台，如国际汉语教材编写指南平台。

（3）汉语国际教育网站中的语言资源

指汉语国际教育网站中非结构化的文字素材、作文素材、文化素材等各类资源，这类资源有助于汉语学习者学习汉语、了解中国文化。例如，网络孔子学院、Chinesepod 等教育类网站中包含有丰富文本、语音、视频资源。

（4）通用型语料库及其他资源

这些资源主要面向母语使用者或研究者，但也可为汉语国际教育提供支持，例如 CCL 语料库、BCC 语料库等。

以下分别分析这些语言资源的构建、加工以及应用。

一、教材语料库

中介语语料库提供的偏误信息对于教学研究及教学应用很有价值，与此不同，教材语料库的资源特色是可提供规范的语言形式。近年来，教材语料库及数据库已得到业界的重视。

最近的资料显示，以国际汉语教材语料为核心资源建立的语料库有六个：暨

[①] 国家语委十二五科研规划项目"语言资源建设规划研究 [YB125—124]"。

南大学的东南亚小学华文教材语料库、厦门大学的国际汉语教材语料库、北京师范大学的汉语国际教育动态语料库、中央民族大学的国际汉语教材语料库、新加坡华文教研中心的新加坡中小学华文教材语料库、中山大学国际汉语教材语料库。具体信息如下表所示。

表 11—1　教材语料库

名称	语料构成	标注加工	检索功能	开放程度
暨南大学东南亚小学华文教材语料库	东南亚各国小学的华文教材。共计20套（约240本），300万字	分词、词性、元信息	不详	未开放
厦门大学教材语料库	12套国际汉语教材，77万字	分词、词性、义项、元信息	检索项目：字、字符串、词	开放
北京师范大学汉语国际教育动态语料库	197册国际汉语教材，约350万字	分词、词性、多义词、语法点、话题、交际功能、元信息	检索项目：多义词、语法点、话题、情感表达、交际功能查询	未开放
中央民族大学国际汉语教材数据库	/	/	/	曾经开放，现关闭
新加坡中小学华文教材语料库	新加坡中小学华文教材，60余万字	分词、词性、句型、元信息	不详	未开放
中山大学国际汉语教材语料库	/	分词、词性	字词、语法、文化	开放

上述语料库的构建情况综合起来有以下特点：（1）教材语料库的规模大约在十万字级到百万字级不等，语料的收录考虑了地域及年龄上的特点。（2）语料的标注加工以元信息标注、分词和词性标注为主，其他类型的标注尚在初步探索阶段，例如厦门大学开展了义项标注，北京师范大学汉语国际教育动态语料库开展了词义、语法、话题、语义功能信息标注，北师大语料库的用途不仅服务于语言研究，也为教师教学实践提供多元化的语言学信息。（3）教材语料库开放程度普遍较低，利用效率不高。

教材类语言资源中，除了经过加工标注的、以教材语料为基础的语料库，还有一些信息数据库，这类信息库可为教师的教材选用以及相关研究提供多维度教材信息。

表 11—2　教材信息数据库

名称	信息构成	检索功能	开放程度
中山大学全球汉语教材信息库	16000 余册的教材信息	通过教材题名、著者、适用对象、适用课型等信息检索教材，并提供样课预览。	已开放
北京语言大学对外汉语教材数据库	30000 条信息	通过教材题名、著者、出版社等信息检索教材。	已开放
中央民族大学国际汉语教材数据库	/	/	曾经开放，现关闭

二、中介语语料库

专门服务于汉语国际教育领域的语料库早期只有中介语语料库这种形态。汉语中介语语料库主要采集学习者的书面语语料，为相关研究提供数据基础。2009年，北京语言大学的"HSK 动态作文语料库"首次提供线上检索功能。国际汉语中介语语料库建设及应用的综合特点是：（1）语料库规模大都在百万字级，语料主要来源于学习者的作文或考试试题，缺乏口语语料。（2）从标注加工来看，以语料的具体出处、学习者水平及国别这类元信息标注为主，部分涉及字、词、句、篇章信息标注，语言学信息标注加工的广度及深度有待提高。（3）语料库检索模式简单，一般仅提供字、字符串、高频词检索。（4）基于中介语语料库的研究主要集中在词汇偏误层面，其次是句子层面和汉字层面，关于段落篇章的研究较少。（5）向用户开放的中介语语料库促进了国际汉语教学及习得理论研究。

表 11—3　中介语语料库

名称	语料来源及构成	标注加工的内容	检索功能	开放程度
北京语言大学汉语中介语语料库检索系统	从 9 所高校 1635 位学生的 5774 篇作文或练习材料中抽取的 1731 篇语料	字、词、句、篇、元信息	检索项目：字、字符串、词、句、篇	未开放
北京语言大学 HSK 动态作文语料库	1992—2005 年 HSK 考试作文语料，共计 11569 篇，425 万字	字、词、句、篇、标点、元信息	检索项目：字、词、字符串、错句、错篇、全篇 检索范围：国籍、考试时间、证书级别、题目、分数	已开放
北京语言大学汉语学习者口语语料库	外国考生参加 HSK 口试的答卷	/	/	未开放

续表

名称	语料来源及构成	标注加工的内容	检索功能	开放程度
中山大学汉字偏误标注汉语连续性中介语语料库	留学生日常作文和综合课的写话 汉字偏误标注版310万字，字词句偏误标注版：44万字。	字、词、句、元信息	检索项目：字、字符串、词 检索范围：国籍、年级	已开放
暨南大学留学生书面语语料库	2001—2010年东南亚华裔留学生汉语作文	元信息	检索项目：字、字符串、词 检索范围：国籍、系别	已开放
暨南大学留学生口语语料库	语音及文本语料	元信息	检索项目：字、字符串、词 检索范围：国籍、年级	已开放
南京师范大学外国学生汉语中介语偏误信息语料库	留学生的作业、作文	/	/	未开放

三、语言本体知识库

面向汉语国际教育领域的知识库建设类型主要有：汉字知识库、词语知识库以及语法知识库。

（1）汉字知识库

中山大学在汉字偏误标注中介语语料库的基础上建立错字数据库，有10659条记录。该库标注了学习者的国籍、母语、专业等信息。台湾师范大学的汉语学习者汉字偏误数据资料库收录了偏误汉字2536个。

目前，汉字知识库应用的主要形式是在知识库的基础上开发检索工具，用户可以检索到学习者汉字偏误信息。

（2）词语知识库

鲁东大学对外汉语新词教学信息库，从语音、语义、语法、语用等维度描述了新词的特点，对描述结果进行了统计和分析。目前正尝试将研究成果应用于对外汉语教学中。

（3）语法知识库

语法知识库主要有三个资源。国际汉语教学语法资源库[①]依据《汉语水平等

---

① 彭炜明，宋继华，赵敏. 面向国际汉语教学的语法资源库建设[J]. 中国远程教育,2014（8）.

级标准与语法等级大纲》构建了教学语法知识库体系，分为"大类→小类→语法项→语法点"四个层级，共 183 个语法项。现代汉语构式数据库[①]是在认知语言学、配价语法及论元结构理论、构式语法等语言学理论的指导下建立的汉语构式属性描写知识库，计划对 1000 多个构式进行多维度、数据化、结构化的描述。

国际汉语教学语法点知识库[②]，建立了包含 121 个教学常用语法点的知识库。其次，在 141464 条国际汉语教材语料和新 HSK 样题文本语料中对 121 个语法点进行了句法语义信息的综合标注，共获得 95592 个句次的标注语料，涉及形式类别 580 项，语义类别 233 项，形成了与语法点知识库配套的语法点标注语料库。

总体来说，专门面向汉语国际教育领域的知识库起步较晚，发展尚不成熟，其建设及应用还有待进一步探索。另外，如何利用面向信息处理的知识库资源开发相应的智能应用，更好地服务于汉语国际教育领域，需要更多的研究。

四、资源平台

近几年来，将语料库、知识库建设与中文信息处理技术结合，开发服务于教师教材编写及学生自主学习的综合性资源平台成为语言资源建设的新方向。

国际汉语教材编写指南是由国家汉办开发的资源应用平台，于 2014 年上线，该平台可满足语料自动加工功能，例如可以自动生成生词表及语法点注释，也可以提供各国教学大纲、交际任务描写知识等资源的调用接口，服务于教师的教材编写。

国际汉语教学助手网是由北师大中文信息处理研究所研制的资源平台，2015 年底开始试测。平台具有备课助手、分级阅读、作文助手、资源推荐等功能板块，提供面向汉语国际教育的语言资源及智能应用，并搭建汉语国际教育领域语言资源共享平台。助手网向教师提供经典教材语料中的多义词词义、语法、话题、交际功能等多层次语言信息，利用语义处理核心技术，研发文本难度自动分析系统以及作文偏误句自动发现系统等，促进智能化应用辅助学生自主学习。

华文教学资源平台是由新加坡华文教研中心提出的资源平台建设计划。该平台以新加坡学生日常华文书面语语料库为主要资源基础，主要服务于新加坡中小

---

① 袁毓林,詹卫东,施春宏.汉语"词库—构式"互动的语法描写体系及其教学应用[J].语言教学与研究,2014（2）.

② 谭晓平,杨丽姣,苏靖杰.面向汉语（第二种语言）教学的语法点知识库构建及语法点标注研究[J].中文信息学报,2015（6）.

学华文教师。

国际汉语教学辅助教材编写系统，由暨南大学研发，功能与国际汉语教材编写指南平台类似。

五、汉语国际教育领域语言资源建设的若干思考

基于汉语语言资源建设及应用调研结果的分析，结合当前面向汉语国际教育领域语言智能应用发展的需求，我们有以下思考。

第一，应以汉语国际教育的实用需求为导向，丰富语料库类型，加大领域知识库建设的力度，提高语言信息的丰富性。

语料库为面向垂直领域的语言实证化研究提供了语料基础，为更好地满足教与学的应用需求，提高汉语国际教育领域的信息化水平，还需要加大教材语料库、多模态语料库及系列知识库建设。

语料库采集范围不能只限于形式错误的学习者语料，要关注形式正确规范的教材语料，以及多渠道、多来源的母语者真实语料，比如互联网的开放性文本语料，以及来源于影视、自然谈话等渠道的口语语料。要进一步研究语料标注的信息维度和语言层次，从语料来源、语体形式、话题及文化内涵、难度水平等多个维度考虑语料的分布。应大力推动和加强多模态语料库的建设与发展，多模态语料库资源应用范围广泛，不仅可以满足教师备课需求，还可用于话语分析、学生学习策略或认知策略研究以及教师教学策略研究，目前以叙述体文本为主的语料数据和资源形态难以满足这类需求。传统的中介语语料库应该以智能应用研发为导向继续发展，需要扩大语料规模，加强对初级水平学习者语料的搜集，更好地服务于汉语国际教育的全球需求。

领域知识库的水平往往制约了智能化应用的发展，并影响了语言知识挖掘的深度。目前，面向汉语国际教育领域的汉字知识库、词语知识库、语法知识库已取得一定成果，但发展还不够成熟。应以教学与科研的实用需求为主导，以先进的、面向教学的汉语本体语言理论为基础，拓展语音、语义、语法、语用层面的知识库建设。

第二，促进资源建设与语言信息处理技术结合，加强资源综合应用研发，发展移动客户端的资源应用，提高资源利用效率。

教与学的需求是语言资源建设的核心驱动力，当前的资源建设尚未充分考虑

用户需求，对于飞速发展的自然语言处理技术及互联网应用创新利用甚少。未来应加大在线特别是移动客户端资源综合应用研发，融合语义信息处理技术，扩大语言资源的利用效率，助力语言经济。应针对教师的备课需求或学习者听、说、读、写综合语言能力提升目标，开发各类学习软件与应用，如基于文本的语法点自动检测、文本难度自动分析、文本自动分类或话题自动识别，以及面向学习者的语音偏误与语法偏误自动发现、作文自动改错辅助系统等，并且为用户提供丰富的语言统计信息，如多义词义频、语法点句法结构频率信息等。

第三，构建面向领域应用的语言资源信息共享平台。

目前，分布于各研究机构的语言资源建设大都各自为政，缺乏资源共享平台。与此同时，教师和学习者对于有哪些专门用途或通用的语言资源可供利用，以及不同语言资源的应用价值区别何在知之甚少。为改变这一现状，我们应该建设面向汉语国际教育的语言资源信息共享平台，从资源类型、应用功能、用户定位、资源更新或开放程度等角度对已建成的语言资源进行梳理，及时发布国内外最新的语言资源项目，并为用户提供访问渠道。另外，要加大对资源建设及应用效率的评估研究，在公共平台上提供用户对资源的评价或体验入口。共享平台的价值是多重的，既便于机构或个人开发者掌握汉语国际教育资源建设的发展现状，避免资源重复建设，又使广大用户了解资源、使用资源，促进资源建设的良性循环。

第四，探索资源建设的新模式与新机制。

目前的资源建设模式主要是以一家单位为主导，组织人员进行语料采集、标注加工、应用研发。受人力、物力所限，资源的采集、标注加工的深度与准确率、资源利用的形式与效率、资源的可持续性发展都会受到限制。

目前，互联网已经成为第二种语言学习领域语料获取的重要来源之一，"互联网众包"新型语料获取方式非常值得我们关注。如 Lang—8 语言吧是一个提供国际间语言交流及联系的社会关系网络服务平台，这个平台汇集了 80 种语言的中介语语料，Lang—8 Learner Corpus 是基于这一网站建立的一个语言学习者语料库。在 Lang—8 这个平台上，用户可以用自己正在学习的语言书写日志，而精通该语言的其他用户会对语言学习者输出的语料进行标注，互联网众包语料获取方式节省了大量的人力物力，获取语料的代价小，对语料库构建模式发展研究有启发意义。汉语国际教育领域的语言资源建设也应开展相关探索，在控制好资源建设标准及规范的前提下，探索资源建设的新模式与新机制。

小结

信息化时代，面向语言教育的资源开发以及资源应用模式发生了深刻变化。本书基于话题要素观察汉语国际教育领域教材研发以及资源建设问题，系统讨论了以话题为纲的国际汉语教材话题设计与处理。展望未来，有必要将相关讨论置于语言资源建设以及语言智能应用发展的趋势背景下作进一步思考。

本章首先提出一种面向国际汉语领域的话题知识库构建框架，涉及语义表达功能、话题分级信息、话题关键词、文化与文化比较信息等要素，话题知识库可作为汉语国际教育领域语言资源建设以及智能应用研发的基础性知识框架。

其次，我们尝试在更广阔的领域研究视野下，阐述汉语国际教育领域的语言资源建设现状及发展趋势，认为汉语国际教育领域应该加强对现有语言资源的整合与利用，加快探索语言资源的建设类型，研发语言资源智能化应用平台，转变语言资源的利用方式，扩大语言资源的综合利用效率，以提升汉语国际教育及教材研发的信息化、智能化水平。

参考文献

1. Johns, T. Data-driven Learning: the Perpetual Challenge[A]. In B. Kettemann and G.Marko (eds.) Teaching and Learning by Doing Corpus Analysis[M]. Amsterdam and New York: Rodopi, 2002.
2. 俞士汶，朱学锋．综合型语言知识库及其在国际汉语教育中的应用初探[J]．国际汉语教育,2013（1）．
3. 陈群秀．一个现代汉语语义知识库平台的建造和应用[A]．中文教学现代化学会会议论文集[C]. 2006.
4. 俞士汶，朱学锋．综合型语言知识库及其在语言教学中的应用[J]．北华大学学报（社会科学版）,2014（3）．
5. 陈章太．论语言资源[J]．语言文字应用,2008（1）．
6. 刘善涛，李敏，亢世勇．对外汉语新词教学信息库的研究与实现[J]．语言文字应用,2011（1）．
7. 张宝林，崔希亮．谈汉语中介语语料库的建设标准[J]．语言文字应用,2015（2）．

附录1 《国际汉语教学通用课程大纲》汉语教学话题及内容建议表(2014年修订版)

话题	内容建议
个人信息	姓名,年龄,年级,民族,少数民族,电邮,出生地,家乡,生日,电话,地址,联系方式,家庭介绍,学校生活,工作生活,职业,邻里环境,语言,爱好,理想,职业规划,文化程度,家乡,性格,身份,国籍,个人天赋或才艺,宗教信仰,外表特征(头发、眼睛、颜色、身高)等
情感与态度	爱,恨,喜欢,不喜欢,高兴,不高兴,同意,满意,不同意,不满意,不太满意,能够,不能够,可能,不可能,表扬,鼓励,感谢,遗憾,反感,抵触,焦虑,幽默,信任,怀疑,惊奇,忧伤,同情,害怕,担心,生气,抱怨,理解,包容,不好意思,尴尬,愤怒,愤怨,嫉妒,冥想,打算,希望,愿望等
日常生活	起居作息,上学,工作,打电话,发短信,看电视(新闻、天气预报),上网,体育活动,保健,就医,问路,做家务,购物(价格、规格、形状、颜色),生活必需品,外出就餐,饮食习惯,休假等
身心健康	健康(生理、心理),健康意识,运动,食物,饮食习惯,过敏食品,个人卫生,中医西医,健康的生活态度,良好的人际关系,餐桌文化,教育与教养,对健康的认识等
文化娱乐	体育项目,国际比赛,地区比赛,俱乐部活动,游戏,电影,电视,美术,音乐,舞蹈,戏曲,戏剧,体育活动,周末娱乐活动,各种爱好(读书、听音乐、集邮等)
家庭生活	婚姻,家庭结构(双亲家庭,单亲家庭),家庭成员,家庭称谓,家长同子女的沟通与理解(代沟),家庭活动,家庭计划,养老,家庭财务管理,家务琐事等
节日活动	节日介绍,各民族的节日,文化节日,个人纪念日,节日的比较等
旅游与交通	时间,数字,旅馆,时刻表,问路,看地图,交通标记,交通工具,方向,距离,法治,规定,违法行为等
学校生活	知识,教育,学科,素质教育,学校称谓,学习策略,学校课程,成绩,课堂用语,奖励(奖学金、奖状、表扬),纪律,上学,放学,作业,活动(多元文化活动、课外活动、学校活动、社区活动),学校运动队,假期,家长会,学生会,开学典礼,毕业典礼,师生关系,交朋友,学校设备,图书馆等
教育	德育,智育,体育,美育,课程,教材,教育体制,教育思想等
语言与文化	语言学习策略,语言学习对社会、个人的好处,语言学习的困难,语言和文化的关系,传统思维方式,用多元眼光看事物,了解中国文化并加强对所在国文化的理解
文学与艺术	审美,意境,意蕴,不同体裁的文化作品(小说、诗歌、散文、报告文学、童话故事等),不同形式的艺术作品(琴、棋、书、画、摄影、雕塑等),不同国家的文学艺术作品欣赏

续表

话题	内容建议
科学与技术	科学知识，科学普及，技术训练等
社会交往	交友，打招呼，问候，寒暄，介绍，交换名片，感谢，告别，邀请，拒绝，拜访，请求，建议，通知，允许，帮助，沟通，调解，商议，祝愿与祝贺，聚会，约会，聚餐，打电话，发电子邮件，书信，网络聊天，交际习俗与礼仪，个人空间，人际关系，家庭称谓，社交称谓，社区关系，捐款集资，义务劳动/服务，求职等
价值观念	年龄，收入，婚姻状况，健康状况，宗教信仰，政治面貌，带有文化色彩的颜色和数字，不同文化中的忌讳或隐私、忌讳的差异等，宗教信仰（世界主要宗教介绍和比较，日常宗教活动、宗教禁忌等），中西方价值观比较，人权，个人与集体，权威与平等，竞争与和谐，美与丑，思想与行动，道德观念，传统与现代，尊重多元文化等
全球与环境	全球化，一个地球一个家，保护环境，污染，能源的使用，全球与环境，多种语言教育，战争与和平，难民等
社会	中国政治结构，中国政策，中国外交，中国法律，中国历史，中国地图，中国行政区划，中国邻国等
自然	宇宙，四季，气象（风、云、雷、电），地理，天空，陆地，海洋，植物，动物，著名自然景观，灾祸，污染等

注：见国家汉语国际推广领导小组办公室《国际汉语教学通用课程大纲》

附录2　教材话题分类与统计信息表

编号	一级话题	二级话题	三级话题	频次
1_1_1	基本信息	人物（介绍）	人物信息 （年龄、国籍、职业……）	139
1_1_2	基本信息	人物（介绍）	家人与朋友	61
1_1_3	基本信息	人物（介绍）	外貌（相貌、衣着）	4
1_1_4	基本信息	人物（介绍）	身体部位	0
1_1_5	基本信息	人物（介绍）	爱好与特长	24
1_1_6	基本信息	人物（介绍）	性格	9
1_1_7	基本信息	人物（介绍）	其他	0
1_1_7	基本信息	事物（描述）	其他	0
1_1_7	日常生活	娱乐休闲	其他	20
1_1_7	日常生活	日常事务	其他	14
1_1_7	日常生活	时尚	其他	8
1_1_7	日常生活	运动与健康	其他	5
1_1_7	日常生活	餐饮	其他	4
1_1_7	日常生活	出行	其他	4
1_1_7	日常生活	家庭与社区	其他	2
1_1_7	日常生活	购物	其他	1
1_1_7	社会生活	人际交往	其他	33
1_1_7	社会生活	社会现象	其他	25
1_1_7	社会生活	学习与成长	其他	20
1_1_7	社会生活	工作职场	其他	18
1_1_7	社会生活	经济生活	其他	17
1_1_7	文化生活与国际视野	文化观念	其他	22
1_1_7	文化生活与国际视野	文艺作品	其他	8

续表

编号	一级话题	二级话题	三级话题	频次
1_1_7	文化生活与国际视野	文化产物	其他	7
1_1_7	文化生活与国际视野	语言文化	其他	6
1_1_7	文化生活与国际视野	地理与历史	其他	2
1_1_7	文化生活与国际视野	多元文化	其他	1
1_1_7	文化生活与国际视野	自然与科学	其他	1
1_1_7	文化生活与国际视野	文化习俗	其他	0
1_2_1	基本信息	事物（描述）	天气与气候	50
1_2_2	基本信息	事物（描述）	日期	8
1_2_3	基本信息	事物（描述）	时间	11
1_2_4	基本信息	事物（描述）	数字	4
1_2_5	基本信息	事物（描述）	方位	63
1_2_6	基本信息	事物（描述）	物品属性（数量、颜色、大小、归属、品牌……）	29
2_1_1	日常生活	餐饮	食物	32
2_1_2	日常生活	餐饮	饮料（茶、咖啡……）	9
2_1_3	日常生活	餐饮	就餐（约餐、订餐、用餐……）	46
2_1_4	日常生活	餐饮	点餐	57
2_1_5	日常生活	餐饮	做饭（买菜、洗菜、做菜……）	23
2_1_6	日常生活	餐饮	餐具	2
2_1_7	日常生活	餐饮	菜谱	4
2_2_1	日常生活	出行	问路	59
2_2_2	日常生活	出行	交通方式	97
2_2_3	日常生活	出行	票务	17
2_2_4	日常生活	出行	住宿事务	34
2_2_5	日常生活	出行	出入境	4
2_2_6	日常生活	出行	旅游	132
2_3_1	日常生活	购物	买东西（描述/比较商品、询价与砍价）	172
2_3_2	日常生活	购物	退货与换货	5
2_3_3	日常生活	购物	商品质量	4
2_4_1	日常生活	娱乐休闲	读书	3

续表

编号	一级话题	二级话题	三级话题	频次
2_4_10	日常生活	娱乐休闲	摄影	3
2_4_11	日常生活	娱乐休闲	下棋打牌	3
2_4_12	日常生活	娱乐休闲	唱歌跳舞	5
2_4_13	日常生活	娱乐休闲	逛街出游	24
2_4_14	日常生活	娱乐休闲	参观（博物馆……）	5
2_4_2	日常生活	娱乐休闲	玩游戏	5
2_4_3	日常生活	娱乐休闲	听音乐	10
2_4_4	日常生活	娱乐休闲	看电影	23
2_4_5	日常生活	娱乐休闲	看电视	11
2_4_6	日常生活	娱乐休闲	看演出	17
2_4_7	日常生活	娱乐休闲	看比赛	34
2_4_8	日常生活	娱乐休闲	养宠物	14
2_4_9	日常生活	娱乐休闲	养植物	3
2_5_1	日常生活	时尚	追星	3
2_5_2	日常生活	时尚	手机通讯	13
2_5_3	日常生活	时尚	美容与整容	7
2_5_4	日常生活	时尚	网聊	14
2_5_5	日常生活	时尚	网购	5
2_5_6	日常生活	时尚	拼客团购	2
2_5_7	日常生活	时尚	名牌	1
2_5_8	日常生活	时尚	流行音乐	3
2_6_1	日常生活	运动与健康	运动	54
2_6_10	日常生活	运动与健康	养生	21
2_6_11	日常生活	运动与健康	减肥	9
2_6_12	日常生活	运动与健康	怀孕生子	5
2_6_13	日常生活	运动与健康	季节变化与生活关系	4
2_6_14	日常生活	运动与健康	心灵鸡汤	27
2_6_15	日常生活	运动与健康	情感/情绪	8
2_6_2	日常生活	运动与健康	健身	21
2_6_3	日常生活	运动与健康	运动会与比赛	9
2_6_4	日常生活	运动与健康	受伤	5

续表

编号	一级话题	二级话题	三级话题	频次
2_6_5	日常生活	运动与健康	生病	7
2_6_6	日常生活	运动与健康	看病	119
2_6_7	日常生活	运动与健康	吃药	4
2_6_8	日常生活	运动与健康	探病	19
2_6_9	日常生活	运动与健康	生活习惯	27
2_7_1	日常生活	家庭与社区	亲情	54
2_7_2	日常生活	家庭与社区	亲子关系	59
2_7_3	日常生活	家庭与社区	家庭教育	32
2_7_4	日常生活	家庭与社区	婚姻生活	43
2_7_5	日常生活	家庭与社区	社区生活	4
2_8_1	日常生活	日常事务	作息	24
2_8_10	日常生活	日常事务	收/发快递（信件）	27
2_8_11	日常生活	日常事务	借/还物品	24
2_8_12	日常生活	日常事务	办证/卡	4
2_8_13	日常生活	日常事务	计划	3
2_8_14	日常生活	日常事务	意外（迟到、车祸……）	33
2_8_15	日常生活	日常事务	报警	7
2_8_16	日常生活	日常事务	接机	12
2_8_17	日常生活	日常事务	送机	8
2_8_18	日常生活	日常事务	生活经验及常识	4
2_8_19	日常生活	日常事务	丢/还物品	26
2_8_2	日常生活	日常事务	穿着打扮	20
2_8_20	日常生活	日常事务	留言	14
2_8_3	日常生活	日常事务	打扫卫生	14
2_8_4	日常生活	日常事务	洗衣	7
2_8_5	日常生活	日常事务	洗照片	5
2_8_6	日常生活	日常事务	环境布置	2
2_8_7	日常生活	日常事务	维修	16
2_8_8	日常生活	日常事务	搬家	8
2_8_9	日常生活	日常事务	理发	7
3_1_1	社会生活	学习与成长	学汉语	24

续表

编号	一级话题	二级话题	三级话题	频次
3_1_10	社会生活	学习与成长	奖学金	4
3_1_12	社会生活	学习与成长	毕业	2
3_1_13	社会生活	学习与成长	校园食宿	8
3_1_14	社会生活	学习与成长	学习压力与困难	28
3_1_15	社会生活	学习与成长	理想	10
3_1_16	社会生活	学习与成长	人物经历	28
3_1_18	社会生活	学习与成长	成长烦恼	8
3_1_2	社会生活	学习与成长	课程与选课	40
3_1_3	社会生活	学习与成长	作业与研究（请教/讨论……）	18
3_1_4	社会生活	学习与成长	请假	16
3_1_5	社会生活	学习与成长	社团及其他校园活动	28
3_1_6	社会生活	学习与成长	周末假期	31
3_1_7	社会生活	学习与成长	考试	29
3_1_8	社会生活	学习与成长	游学/留学	28
3_1_9	社会生活	学习与成长	选择学校/专业	7
3_2_1	社会生活	人际交往	拉家常	8
3_2_10	社会生活	人际交往	请客	14
3_2_11	社会生活	人际交往	做客	10
3_2_12	社会生活	人际交往	送礼	13
3_2_13	社会生活	人际交往	家长里短	3
3_2_2	社会生活	人际交往	友谊	91
3_2_3	社会生活	人际交往	恋爱择偶（追求、相亲……）	82
3_2_4	社会生活	人际交往	师生关系	20
3_2_5	社会生活	人际交往	邻里关系	18
3_2_7	社会生活	人际交往	同事关系	7
3_2_8	社会生活	人际交往	约会（同学、朋友、恋人等相约）	31
3_2_9	社会生活	人际交往	聚会（生日晚会……）	40
3_3_1	社会生活	工作职场	职业介绍	16
3_3_10	社会生活	工作职场	出差	6
3_3_11	社会生活	工作职场	休假	4
3_3_12	社会生活	工作职场	创业	8

续表

编号	一级话题	二级话题	三级话题	频次
3_3_13	社会生活	工作职场	晋升	7
3_3_14	社会生活	工作职场	辞职	2
3_3_15	社会生活	工作职场	介绍企业/产品	2
3_3_16	社会生活	工作职场	招聘	12
3_3_17	社会生活	工作职场	培训	1
3_3_18	社会生活	工作职场	裁员	1
3_3_2	社会生活	工作职场	求职	37
3_3_3	社会生活	工作职场	职业选择	18
3_3_4	社会生活	工作职场	福利待遇	7
3_3_5	社会生活	工作职场	职场生存	34
3_3_6	社会生活	工作职场	加班	12
3_3_7	社会生活	工作职场	工作日程	20
3_3_8	社会生活	工作职场	开会	4
3_3_9	社会生活	工作职场	兼职	3
3_4_1	社会生活	经济生活	银行业务（如换钱……）	28
3_4_10	社会生活	经济生活	招商加盟	5
3_4_11	社会生活	经济生活	广告	20
3_4_12	社会生活	经济生活	营销	7
3_4_13	社会生活	经济生活	谈判	28
3_4_14	社会生活	经济生活	进出口贸易	6
3_4_15	社会生活	经济生活	物流	2
3_4_16	社会生活	经济生活	投资	2
3_4_17	社会生活	经济生活	售后	3
3_4_2	社会生活	经济生活	租房	28
3_4_3	社会生活	经济生活	买房	3
3_4_4	社会生活	经济生活	买车	7
3_4_5	社会生活	经济生活	金融生活（信用卡、投资理财……）	27
3_4_6	社会生活	经济生活	投诉索赔	5
3_4_7	社会生活	经济生活	公司注册	3
3_4_8	社会生活	经济生活	法律事务	5
3_4_9	社会生活	经济生活	产品创新与知识产权	11

续表

编号	一级话题	二级话题	三级话题	频次
3_5_1	社会生活	社会现象	交通问题（拥堵、事故……）	27
3_5_10	社会生活	社会现象	婚姻家庭问题	42
3_5_11	社会生活	社会现象	教育（高考、育儿……）	36
3_5_12	社会生活	社会现象	网络问题	17
3_5_13	社会生活	社会现象	医疗健康	8
3_5_14	社会生活	社会现象	食品安全	2
3_5_15	社会生活	社会现象	男女平等	20
3_5_16	社会生活	社会现象	名人与偶像	27
3_5_17	社会生活	社会现象	公益	30
3_5_18	社会生活	社会现象	新能源	3
3_5_19	社会生活	社会现象	城市建设	17
3_5_2	社会生活	社会现象	犯罪	18
3_5_20	社会生活	社会现象	新闻与传媒	11
3_5_21	社会生活	社会现象	时事政治	14
3_5_22	社会生活	社会现象	公共外交	8
3_5_3	社会生活	社会现象	法律纠纷（打官司、判刑……）	12
3_5_4	社会生活	社会现象	社会公德	13
3_5_5	社会生活	社会现象	就业	20
3_5_6	社会生活	社会现象	失业	4
3_5_7	社会生活	社会现象	环保/污染	47
3_5_9	社会生活	社会现象	经济发展与社会变化（春运、春晚、留守儿童、养老、人口问题、贫富差距、消费者权益……）	152
4_1_1	文化生活与国际视野	语言文化	名字与称谓（人名、地名、称呼……）	31
4_1_2	文化生活与国际视野	语言文化	汉语汉字（谐音、对联、语言避讳、汉字文化……）	84
4_1_3	文化生活与国际视野	语言文化	成语/俗语故事	58
4_1_4	文化生活与国际视野	语言文化	普通话与方言	11
4_1_5	文化生活与国际视野	语言文化	笑话	40
4_1_6	文化生活与国际视野	语言文化	学汉语的经历及故事	18
4_2_1	文化生活与国际视野	文艺作品	文学作品（寓言、散文、童话……）	113

续表

编号	一级话题	二级话题	三级话题	频次
4_2_2	文化生活与国际视野	文艺作品	艺术作品及赏析（音乐、戏剧、摄影、影视……）	22
4_2_3	文化生活与国际视野	文艺作品	创作背景/缘起	7
4_3_1	文化生活与国际视野	文化习俗	节日（春节、圣诞……）	71
4_3_2	文化生活与国际视野	文化习俗	传统习俗与礼俗（如婚礼……）	20
4_3_3	文化生活与国际视野	文化习俗	礼仪（课堂、餐桌、待客……）	6
4_3_4	文化生活与国际视野	文化习俗	生活习俗（衣食住行的习惯和风俗）	22
4_4_1	文化生活与国际视野	文化产物	中国茶	19
4_4_10	文化生活与国际视野	文化产物	四大发明	2
4_4_12	文化生活与国际视野	文化产物	手工艺（如剪纸、风筝……）	4
4_4_14	文化生活与国际视野	文化产物	相声曲艺	2
4_4_15	文化生活与国际视野	文化产物	服饰文化	10
4_4_16	文化生活与国际视野	文化产物	棋牌	1
4_4_2	文化生活与国际视野	文化产物	中国功夫	8
4_4_3	文化生活与国际视野	文化产物	生肖与星座	8
4_4_4	文化生活与国际视野	文化产物	中华饮食	10
4_4_5	文化生活与国际视野	文化产物	建筑艺术	13
4_4_6	文化生活与国际视野	文化产物	中医	9
4_4_7	文化生活与国际视野	文化产物	书法国画	8
4_4_9	文化生活与国际视野	文化产物	戏曲	11
4_5_1	文化生活与国际视野	文化观念	人生哲理	63
4_5_2	文化生活与国际视野	文化观念	宗教文化	1
4_5_3	文化生活与国际视野	文化观念	儒家道家思想	23
4_5_4	文化生活与国际视野	文化观念	民间百科	5
4_6_1	文化生活与国际视野	多元文化	异文化印象	59
4_6_2	文化生活与国际视野	多元文化	异文化适应	16
4_6_3	文化生活与国际视野	多元文化	文化比较	75
4_6_4	文化生活与国际视野	多元文化	文化禁忌	1
4_6_5	文化生活与国际视野	多元文化	移民（如海外华人故事……）	11
4_7_1	文化生活与国际视野	地理与历史	地图	12

续表

编号	一级话题	二级话题	三级话题	频次
4_7_2	文化生活与国际视野	地理与历史	景观/景点	55
4_7_3	文化生活与国际视野	地理与历史	城市地区（城市比较、介绍故乡……）	43
4_7_4	文化生活与国际视野	地理与历史	地理与文化	39
4_7_5	文化生活与国际视野	地理与历史	五十六个民族	6
4_7_6	文化生活与国际视野	地理与历史	历史广角	25
4_7_7	文化生活与国际视野	地理与历史	历史人文故事	114
4_8_1	文化生活与国际视野	自然与科学	动物	28
4_8_2	文化生活与国际视野	自然与科学	植物	6
4_8_3	文化生活与国际视野	自然与科学	人与自然	27
4_8_4	文化生活与国际视野	自然与科学	小百科	34
4_8_5	文化生活与国际视野	自然与科学	科技发展	21
4_8_6	文化生活与国际视野	自然与科学	探索与发现	11
4_8_7	文化生活与国际视野	自然与科学	科学幻想	6

附录3 话题高频词表

说明：
（1）根据语料库中语段的话题信息标注统计高频词；
（2）每个话题下列出了数量不等的相对高频的词语，词语之后的阿拉伯数字是该词语在话题语料中的出现次数。

1_1_1 人物信息（年龄、国籍、职业……）

老师_206；叫_149；学生_65；岁_64；美国_63；先生_53；汉语_53；名字_48；学习_48；姓_45；认识_44；留学生_41；爸爸_35；今年_35；高兴_34；记者_27；介绍_26；哪_25；忙_24；班_22；日本_21；米_21；中文_20；糖_18；英国_18；贵姓_17；姐姐_15；小伙子_15；请问_15；加拿大_15；生日_14

1_1_2 家人与朋友

家_97；妈妈_76；爸爸_75；工作_50；口_45；姐姐_45；哥哥_41；岁_34；妹妹_30；弟弟_30；谁_24；男_24；五_18

1_2_1 天气与气候

冷_85；热_71；夏天_59；天气_56；冬天_55；雨_53；度_43；明天_42；这儿_34；秋天_33；雪_30；风_24；春天_23；气温_22；家乡_21；天气预报_20

1_2_5 方位

楼_63；房间_49；学校_43；宿舍_41；书_41；图书馆_31；桌子_30；远_29；客厅_26；离_25；厨房_23；教室_22；那儿_22；食堂_20；房子_19；卧室_19；旁边_19；留学生_18；方便_17

1_2_6 物品属性（数量、颜色、大小、归属、品牌……）

书_37；元_21；中文_18；本_17；房间_15；航空_14；词典_13；公共汽车_11；票价_9；简称_9；数字_9；辆_8

2_1_1 食物

吃_192；菜_70；饺子_56；烤鸭_33；小吃_29；包子_24；尝_24；好吃_19；肉_16；广东_15；味道_15；店_14；有名_12；美味_11；甜_11；煮_11；米线_10；涮羊肉_10；鸭_10；中餐_9；饭馆_9

2_1_3 就餐（约餐、订餐、用餐……）

吃_175；菜_94；尝_29；今天_28；饭_26；喝_24；服务员_23；辣_19；小姐_16；饭馆_15；不错_14；甲_14；饺子_14；服务生_14

2_1_4 点餐

服务员_168；菜_147；菜单_32；小姐_32；辣_31；碗_26；啤酒_23；米饭_23；杯_22；请问_21；汤_21；饿_20；茶_20；肉_17；餐厅_16；瓶_15；饮料_15；牛肉_15；稍_14

2_2_1 问路

往_74；路_63；这儿_57；远_54；谢谢_39；请问_36；路人_34；拐_34；离_28；右_25；换_21；路口_20；地铁_20；银行_19；售票员_18

2_2_2 交通方式

车_230；坐_229；司机_122；站_75；地铁_75；路_59；火车_58；骑_57；票_57；飞机_56；自行车_54；辆_48；公共汽车_48；小时_47；出租车_44；方便_38；上海_38；号_37；谢谢_36；列车_34；师傅_31；汽车_30；售票员_29；挤_26；堵车_25；分钟_24；出租汽车_22；线_22；趟_22；航班_20；乘客_19；排_19；甲_19；乙_18；停_18；交通_17；软卧_17；公共_16；工作人员_16；下车_15；单车_14

2_2_4　住宿事务

服务员_135；您_121；房间_74；号_37；间_35；房_32；一下_30；电话_29；宾馆_28；预订_21；标准_19；订_15；付_13；护照_12；退_11

2_2_6　旅游

去_682；旅游_219；北京_182；地方_142；旅行_127；长城_100；火车_79；上海_78；玩_76；西安_66；参观_52；那儿_49；旅行社_48；打算_47；飞机_47；风景_44；照片_41；游_37；区_37；爬_36；游览_34；云南_33；旅馆_32；名胜古迹_31；天津_26；游客_26；出发_24；累_24；票_24；导游_24；桂林_24；省_24；计划_23；景色_23；饭店_23；拍_23；草原_22；照_22；安排_21；达_21；有意思_21；暑假_21；周末_21；假期_20；泰山_20；资源_20；故宫_19；昆明_19；很多_19；九寨沟_18；线路_18；少数民族_18；订_17；小燕子_17；三峡_17；兵马俑_17；明_17；机票_16；放假_16；景点_16；宾馆_16；西藏_15；上午_15；成都_15；建议_15；周_14；

2_3_1　买东西（描述/比较商品、询价与砍价）

买_489；件_246；售货员_238；块_234；钱_192；东西_141；试_103；多少_103；贵_100；衣服_94；便宜_91；卖_90；穿_87；顾客_81；商店_78；五_73；斤_73；怎么样_62；老板_57；号_55；颜色_53；合适_51；漂亮_50；商场_49；双_48；一共_45；鞋_42；挺_39；好看_35；百_35；打折_34；毛_33；样子_33；师傅_31；苹果_31；质量_29；甜_29；水果_27；价钱_27；名牌_26；折_25；衬衫_25

2_4_7　看比赛

比赛_111；队_80；足球_77；球迷_57；球_53；场_42；赢_35；踢_29；进_28；昨天_19；半_19；篮球_17；电视_16；大内_16；云天_16；输_15；方_15；球队_12；精彩_12；观众_11；分钟_11；结束_10

2_6_1　运动

打_130；运动_80；喜欢_78；网球_40；游泳_38；篮球_30；锻炼_25；

球_24；乒乓球_24；足球_23；身体_22；游_22；活动_21；步行_21；山_20；踢_19；常常_19；参加_18；跑步_17；爬_16；经常_14；累_13；老年_12；只要_11

2_6_6 看病
医生_275；病人_268；病_220；大夫_203；手术_199；药_171；疼_167；检查_164；治疗_153；医院_106；床_86；症状_79；血_77；院_75；腹_71；痛_68；咳嗽_61；发烧_53；厉害_51；感冒_48；尿_47；中药_45；家属_43；急性_42；疼痛_41；诊断_41；患者_41；护士_39；恢复_39；肿_39；内科_35；肝_34；病历_34；骨折_34；癌_33；体温_32；中医_31；病房_29；打针_29；病情_27；肺_27；科_27；胸_27；药物_27；发作_27；及时_26；看病_25；化验_25；痰_24；针_23；呕吐_23；切除_22；吐_22；呼吸_21；诊_21；嗓子_21；常规_21；恶心_21；鼻_21；侧_21；脑_21；配合_20；史_20；患_20；阑尾炎_19；感染_19；关节_19；减_19；确诊_19；难受_18；药方_18；门诊_18；化疗_18

2_7_1 亲情
母亲_151；父亲_119；儿子_113；老人_62；女儿_62；丈夫_48；妻子_47；饭_38；老头子_34；老太太_31；生日_25；睡_24；心里_22；微博_21；包_20；夫妻_19；接_18；儿媳妇儿_18；电脑_17；骂_17；碗_17；劝_16；灯_16；鱼头_16；妈_15；盏_15；方_15；祝贺_15；拉_15；杯_15；太太_15；弟弟_15；啦_14；红包_14；特_14；怀_14；感情_14；爷爷_14；照顾_13；子女_13；肉_13；哭_13；花瓶_13；厨房_13；气_13；朝_12；收拾_12；吸烟_11；嫌_11；玛_10；核心_10；秘密_10；粉丝_10；戒烟_10；练_10；长大_10；代_10；丽_10

2_7_2 亲子关系
父亲_221；孩子_182；妈妈_96；母亲_95；女儿_90；爱_82；儿子_67；父母_61；爸爸_57；爸_43；老人_42；眼睛_34；妈_33；信_30；家长_28；鱼_26；姐姐_25；儿女_24；里面_22；哭_22；子女_21；豆腐_20；接_20；男孩_20；担心_19；哥哥_19；哥_18；猜_17；阿姨_16；弟弟_16；理解

_15；镜子_15；箱子_14；将来_14；聊_13；代沟_13；陪_13；管_13；抱_12；生命_12；文章_12；喊_12；尊重_12；尽管_11；根_11；关_11；惩罚_11；老太太_11；成长_11；彩电_10；伸_10；多么_10；看法_9；护士_9；屋_9；长大_9；代_9；夫妻_9；封_9；父_9；养_9；丁_9；恨_9

2_7_3　家庭教育

孩子_196；儿子_96；父母_80；妈妈_62；父亲_55；家长_50；学_43；教育_34；考_29；爸爸_29；小山_21；考试_17；成绩_15；妈_15；方式_14；子女_14；长城_14；爸_13；地平线_13；资格_12；能力_12；晚_12；爬_11；聊_11；奶奶_11；孝敬_11；将来_11；人家_11；咖啡_10；别的_10；练_10；心理_10；管_10；钢琴_9；理解_9；竞争_9；素质_9；紧张_9；批评_9；唱_8

2_7_4　婚姻生活

妻子_76；丈夫_76；结婚_57；离婚_41；男人_40；女人_29；婚_28；脸_28；婚姻_24；感情_23；小伙子_22；姑娘_22；老婆_21；信_20；心里_20；结_18；记者_17；哭_16；医院_15；妻_15；上班_14；恋爱_14；俩_14；大爷_13；婚礼_13；老公_12；大妈_12；同意_12；抓_12；夫妻_11；日子_11；洗_11；平等_11；从来_10；吵_10；爱情_10；理解_9；消息_9；管_9；前妻_9；星期天_9；星星_9；法律_9；幅_9；听见_9；收拾_9；电影_9；下班_9；在家_8；劝_8；眼泪_8

2_8_14　意外（迟到、车祸…）

警察_31；贝_21；司机_17；自行车_15；坏_15；丢_15；倒霉_14；撞_13；乙_13；迟到_13；爬_12；着急_12；摔_12；电梯_11；闹钟_11；甲_11；突然_10；汽车_9；罚_9；对不起_9；昨天_9

3_1_14　学习压力与困难

老师_103；学生_48；学习_37；学_31；写_26；作业_22；汉语_21；学校_21；读_21；留学生_18；考试_18；课_17；考_17；磨_15；会商_15；课文_15；班_15；家长_14；小天_14；上课_13；思想_13；难_13；北大_13；

参加_12；懂_12；成绩_12

3_1_2　课程与选课

课_147；老师_78；中文_50；学_46；门_38；汉语_37；难_30；选_29；学习_27；练习_24；班_22；同学_21；学期_21；节_20；教_19；汉字_18；希望_17；甲_17；上课_16；年级_16；数学_15

3_1_6　周末假期

去_139；暑假_29；打算_25；学_20；寒假_18；参加_17；同学_16；玩_15；女儿_15；打工_14；夏令营_13；回来_12；周末_12；放_12；弟弟_11；毕业_11；报告_11；休息_10

3_1_7　考试

考_84；考试_70；老师_35；汉语_25；参加_20；水平_19；成绩_18；星期_18；分_18；题_16；怎么样_16；女_16；难_15；复习_14；男_13；辅导_12

3_2_2　友谊

朋友_225；请_80；电话_46；按_42；生日_33；甲_33；一边_29；网络_27；信_25；礼物_25；认识_25；友谊_22；下午_22；帮助_21；乙_21；默契_20；说话_20；接_19；人际_19；宿舍_19；音乐_19；帮_18；男生_18；感谢_17；交_16；盒_16；故事_16；瓶_15；错_15；饼干_15；号码_15；聊_14；真正_14；女孩_14；开心果_13；对不起_13；雪_13；祝_13；共同_13；寂寞_12；有趣_12；陪_12；俩_11；少年_11；选_11；见面_11；上网_11；距离_11；月饼_11；喂_11；屋_10；联系_10；型_10；唱片_10；寄_10；餐厅_10；记得_10；不好意思_9；空_9；吉_9

3_2_3　恋爱择偶（追求、相亲……）

她_418；朋友_138；爱_136；女_94；男_66；姑娘_65；结婚_64；恋爱_55；爱情_49；谈_45；女人_41；小伙子_41；认识_40；生日_38；对象_38；介绍_38；信_35；男人_35；感情_30；相亲_29；礼物_27；幸福_27；婚姻_26；对方_25；伯母_24；一会儿_23；太太_22；浪漫_21；永远_20；

男朋友_20；忘_19；见面_19；老妇_18；身高_18；女孩_18；一下子_17；大学生_17；妹妹_17；喂_17；老翁_16；高山_16；俩_16；相_16；封_16；婚礼_15；合适_15；姐姐_15；理想_14；婚_14；性格_14；嫁_14；男女_14；分手_13；小丽_13；温柔_13；双方_13；金钱_12；女性_12；结_12；怪_12；同事_12；属于_12；钟_12；感动_11；帅_11；女士_11；咖啡_11；玫瑰_11；美好_11；共同_10；女孩儿_10；夫妻_10；男生_10；擦_10；研究生_9

3_2_8　约会（同学、朋友、恋人等相约）

点_30；晚上_30；行_23；请_23；明天_22；电话_19；喂_18；小姐_16；交友_16；女性_14；下午_13；怎么样_11；总_11

3_2_9　聚会（生日晚会……）

生日_89；你们_49；同学_46；大家_44；祝_31；谢谢_31；晚会_30；快乐_26；唱_24；蛋糕_24；晚上_22；送_20；大内_18；号_16；夫人_16；高兴_15；蜡烛_15；漂亮_14；准备_14；礼物_13；经理_12

3_3_2　求职

工作_151；公司_142；面试_71；经理_66；招聘_37；专业_37；毕业_34；应聘_32；大学_30；贵_29；要求_29；就业_28；求职_28；能力_24；谈_24；单位_24；简历_23；干_23；机会_18；英语_18；企业_18；兴趣_18；经验_16；广告_16；业务_16；成功_16；经历_15；感_15；创业_15；通知_15；份_14；职位_14；负责_14；条件_14；相信_14；人事部_12；工资_12；书店_11；首先_11；管理_11；紧张_11；山野菜_11；员工_10；自我_10

3_3_5　职场生存

工作_141；公司_112；老板_33；管理_28；经理_27；办公室_25；份_24；员工_23；部门_22；秘书_21；干_19；上班_19；沉默_19；机会_19；业务_15；企业_14；老总_14；文件_14；菊花_14；总裁_13；行政_13；项目_13；领导_13；考研_12；沉默是金_12；客户_12；下属_12；总经理_11；加班_11；总结_11；处理_11；保持_11；信任_10；主管_10；同事_10；搞

_10；盆_9；辞职_9；资料_9；负责_9；业绩_8；人才_8；计划_8；安排_8；竟然_8

3_5_10 婚姻家庭问题

家庭_115；婚姻_105；结婚_101；父母_71；丁克_50；离婚_47；相亲_36；婚_35；夫妻_33；年轻_31；空巢_30；传统_30；族_29；恋爱_28；子女_26；主_26；双方_26；裸婚_26；爱情_26；选择_25；青年_23；感情_23；养_22；财产_21；大学生_20；对方_20；节目_20；比例_19；压力_19；观念_19；婚礼_18；婚恋_18；接受_16；照顾_16；婚前_16；生育_16；随着_15；闪_15；心理_15；单亲_15；年龄_15；单身_15；责任_14；对象_14；公证_14；类型_13；观_13；金钱_13；因素_12；追求_12；现象_12；现实_12；明显_12；个人_12；太太_12

3_5_11 教育（高考、育儿……）

教育_215；学习_100；学校_98；社会_91；学生_86；美国_84；万_60；大学_59；家长_46；探究_46；外语_44；青少年_41；留学_36；教师_35；留学生_33；媒体_30；小学_30；科学_29；培养_29；原因_28；儿童_27；能力_27；玩耍_25；调查_25；类_25；提高_25；语言_24；办学_24；读书_23；小学生_22；人才_22；普通_21；知识_21；专业_19；专家_19；压力_18；改革_18；婷婷_17；华_16；将来_16；相关_15；分析_15；中学_15；制度_15；校_15；来自_15；阶段_14；整个_13；人数_13；教学_13；参与_13；型_13；政策_13；职业_13；吃苦_13；研究生_12；提供_12；中学生_12；经费_12；苦_12；思维_12；倍_12；广告_12；高中_12

3_5_17 公益

社会_53；帮助_46；慈善_27；活动_27；摸_26；月英_26；惠民_24；元_22；志愿者_22；捐_21；财富_19；残障_17；公益_16；信_16；坚持_16；残疾_15；富_15；感动_14；离开_14；医院_14；叔叔_14；志愿_14；寄_14；成功_13；记者_12；通过_12；生命_12；大学生_12；作为_12；富豪_12；弟弟_11；服务_11；艾滋病_11；组织_11；奖_11；失学_11；儿童_11；唱_10；海啸_10；乞丐_10；困难_10；网_9；妹妹_9；照顾_9；环保_9

3_5_7 环保/污染

环境_89；城市_84；环保_77；水_67；污染_56；使用_55；低碳_52；旅游_49；气候_47；碳_44；地球_43；筷子_42；保护_41；严重_40；人类_36；袋_36；树_32；垃圾_30；排放_30；绿色_29；一次性_28；节约_26；购物_26；造成_25；生态_24；量_24；蔬菜_23；塑料_23；森林_22；减少_21；世纪_21；破坏_21；生产_20；意识_19；超市_18；回收_18；沙漠_18；资源_18；黄河_17；废品_15；空气_15；二氧化碳_15；浪费_14；地貌_14；鸟_14；棵_13；生存_13；建筑_13；塑料袋_13；扔_13；阿姨_12；绿化_12；农药_11；大量_11；全球_11；地面_11；吨_11；环境保护_11

3_5_9 经济发展与社会变化（春运、春晚、留守儿童、养老、人口问题、贫富差距、消费者权益……）

社会_325；人口_300；发展_300；经济_297；消费_136；亿_135；增长_134；收入_124；元_123；企业_119；产品_110；年代_104；生产_101；政府_101；市场_97；占_87；增加_85；变化_82；农村_79；目前_77；资源_73；立顿_71；调查_71；手机_70；改革_64；政策_64；行为_62；农业_61；工业_61；住房_58；消费者_58；化_57；建设_55；技术_55；制度_55；以上_55；利用_54；效率_53；循环_50；达到_50；改革开放_50；平均_49；基本_48；商品_47；信息_46；过程_45；率_45；美元_45；价格_44；未来_44；倍_44；建立_43；仅_43；实现_43；假_43；居民_42；生育_41；富_41；团购_41；以来_41；群体_40；行业_40；法律_40；购买_39；户_39；超过_38；财富_38；计划生育_38；实行_37；加拿大_37；权_36；速度_36；销售_35；获得_35；调节_34；价值_34；网络_34；公平_34；制造_34；吨_33；利益_33；迷信_33；族_33；城镇_33；产量_32；租_32；黑人_32；迅速_31；运输_31；购_31；拥有_31；陶瓷_31；投资_31；开发_31；开放_31；体育_30；出口_30；打假_29；分配_29；产业_29；就业_29；红茶_29；必然_28；发明_27；体制_27；高度_26；养老院_26；商业_26；居_26；经营_26；贫困_25；人均_25；流动_25；平方米_25；公路_25；机构_24；措施_24；差距_24；下降_24；沿海_24；生态_24；原则_23；资本_23；网站_23；户口_23；茅台_23；农民工_23；周庄_23；品牌_23；全

球_23；劳动力_22；涂鸦_22；限_22；储蓄_22；住宅_22；改善_22；粮食_22；传播_21；有效_21；加强_21；私人_21；商家_21；运动员_21；处于_21；费用_21；道德_21；合理_20；小康_20；成本_20；电动_20；统计_20；权利_20；投入_20；领域_20；电视机_20；医疗_20；使得_20；稳定_19；需求_18；养老_18；金融_18；奖_18；扩大_18；兴奋剂_18；房租_18；职工_18；采取_18；捐赠_18；海外_18；鉴定_17；贷款_17

4_1_1 名字与称谓（人名、地名、称呼……）

名字_162；叫_136；姓_134；起_56；字_52；名_44；如_41；胡同_38；同_32；或_31；称呼_28；意思_28；饺子_25；妻子_24；一般_23；呀_23；表示_18；信_18；出生_16；对方_16；称_16；生_16；姓名_15；起名_14；华_14；建_14；有关_14；错_12；柯_12；大名_11；使用_11

4_1_2 汉语汉字（谐音、对联、语言避讳、汉字文化……）

字_209；意思_117；汉语_115；成语_102；汉字_89；表示_78；词_77；对联_62；文字_59；语言_55；谚语_52；姓_47；词语_39；龙_38；马_35；查_34；狗_34；念_31；古代_29；加_27；祖父_27；使用_26；有关_26；体_25；诗_24；龙骨_23；意义_23；比喻_23；羊_21；组成_21；副_21；老外_21；九_21；首_21；外来语_20；皇帝_20；表达_20；创造_20；蛇_20；句子_20；改_19；书法_19；简体字_19；符号_18；刻_18；事物_17；选_17；比方_17；妻_16；象征_16；流行_15；上面_15；甲骨文_15；造_15；称呼_15；福_15；吉祥_15；叫做_14；营业员_14；反义词_14；量词_14；标点符号_14；春联_13；猪_13；网络_13；尊重_13；中药_12；词汇_12；阴阳_12；古_12；声旁_12；鸡_12；数字_12；龟甲_11；木_11；例如_11；真是_11

4_1_3 成语/俗语故事

马_73；画_51；蛇_44；狼_38；盾_38；矛_34；愚公_31；狐狸_30；匹_29；搬_29；邻居_27；脚_26；口袋_23；装_22；工程_21；虎_20；腿_19；老虎_19；毛驴_19；宝玉_18；古时候_16；秦国_16；大象_16；救_13；高徒_13；摸_13；名师_13；害怕_12；躲_12；森林_12；田_12；丢_12；骆驼_12；告_12；从前_11；国王_11；摔_11；青蛙_11；拔_11；夜郎_10

4_1_5 笑话

见_36；写_27；儿子_26；财主_19；酒_16；老婆_16；裤子_13；客人_13；佣人_11；过来_10；吃饭_10；警察_10；急_10；豆腐_10；贼_10；家里_9；邻居_8；笔_8；奇怪_7；鸽子_7；旧_7；孙子_7；酒瓶_7；旁边_7；有一天_7

4_2_1 文学作品（寓言、散文、童话……）

便_234；牛_93；香雪_93；她们_89；嫂_76；么_73；似的_72；泪_63；绳_63；毛_63；老爷_58；台儿沟_52；罗_48；掌柜_43；林_43；祥_41；仿佛_39；蜜蜂_38；窗_38；说道_36；铅笔盒_35；布_35；宝玉_33；樱花_33；一片_33；伯父_32；一面_31；松_31；一眼_30；青衣_30；罢_29；象_29；撒_29；屠户_28；一种_28；花生_27；巴_26；柴_26；众人_25；范_25；衣_24；须_24；诗歌_24；身子_24；哩_24；妖怪_23；一阵_23；朴_23；豆_23；镇_22；白骨精_22；贾母_22；捉_22；故乡_21；紧紧_21；剪_21；那是_20；老牛_20；婶_20；橘子_20；叔_20；寻_20；小溪_20；引_19；不清_19；咬_19；柜台_19；弯_18；托_18；板_18；回头_18；拜_18；像是_18；组长_18；迟_18；微微_17；灰_17；组_17；泪水_17；蜂_17；雾_17；再三_16；窗子_16；无锡_16；茶房_16；委屈_16；背影_16；地主_16；铁道_16；一齐_16；哼_16；粉_16；模样_16；敏感_16；先前_16；安_16；荷_16；只见_16；盼望_15；愈_15；剪刀_15；突击队_15；永久_15；舅_15；扑_15；车夫_15；并不_15；娘_15；花旦_15；嚷_15；众_15；场长_15；仍旧_15；歇_14；篮子_14；温_14；哑_14；涨_14；野_14；斜_14；丧事_14；淀_14；喜_14；惦记_14；老者_14；想起_13；冻_13；拖_13；滚_13；面容_13；泥_13；猹_13；慌_13；蜜_13；帽_13；熟识_13；方才_13；做工_13；敌人_13；银子_13；棉袄_13；嘴唇_13；一日_13；丫鬟_13；缝_13；工夫_13；长衫_13；照例_13；跌_12；走去_12；跑去_12；嬷嬷_12；嘱咐_12；不肯_12；老婆子_12；料_12；飞鸽_12；笋_12；衣裳_12；姐妹_12；大河_12；月台_12；篮_12；樱_12；紫丁香_12；百合_12；欠_12；荷花_12；包袱_12；主顾_11；快活_11；铁轨_11；车门_11；乎_11；一头_11；宝_11；顺着_11；牧人_11；当铺_11；走到_11；朝奉_11；柚子_11；海边_11；老猫_11；西山_11；碟_11；掌柜的_11；缩_11；挎_11；皱

纹_11；额_11；老爹_11；底下_11；乌_11；说完_11；卫_11；姑妈_11；集_11；不觉_10；柜_10；踌躇_10；螃蟹_10；济南_10；织_10；捞_10；忘却_10；笑道_10；夹袄_10；笼_10；这时候_10；爹_10；哄_10

4_3_1 节日（春节……）

春节_199；节日_101；拜年_83；新年_72；日_56；过年_54；贴_52；传统_51；中秋节_48；饺子_47；鞭炮_41；农历_39；粽子_39；包_39；除夕_32；热闹_32；月亮_29；互相_29；团圆_29；庆祝_28；春联_28；元宵节_28；福_28；谐音_27；礼物_27；月饼_27；晚会_25；端午节_25；夜_24；龙舟_23；十五_23；年夜饭_23；长辈_22；习俗_22；祝福_21；民族_21；传说_20；爆竹_20；少数民族_20；过节_20；舅舅_20；正月_19；气氛_19；期间_19；桂花_19；伯母_19；圆_18；节_17；舅妈_16；红色_16；压岁钱_16；团聚_16；灯_15；龙_15；公历_15；短信_15；举行_15；崇拜_15；元宵_15；象征_15；泼_14；年糕_14

4_5_1 人生哲理

别人_76；眼睛_43；人生_37；遗憾_37；成功_35；登山_33；快乐_32；能力_31；微笑_30；某_29；热情_28；金钱_27；任何_27；命运_26；实验_24；穷_23；永远_21；笨蛋_21；无为_21；邻居_21；井_19；品质_19；道理_19；鸡蛋_18；媳妇_18；个人_18；富_18；价格_17；经济学_17；承受_17；偷_17；文学_17；聪明_17；盒子_16；危险_16；地图_16；富翁_16；注视_15；大师_15；马夫_14；成本_14；斧子_14；无数_14；苦_14；玫瑰_14；设防_14；证明_13；意味_13；险_13；棵_12；哲学_12；痛苦_12；一面_12；兰草_11；窗户_11；主管_11；冒险_11；冒_11；老先生_11；粥_11；饼干_11；收益_11；目标_11；丢_11；美元_11；拼_11；北大_11；原则_10；浪费_10；逍遥_10；在于_10；拥有_10；一生_10；愿_10；思考_10；结论_10；数据_10；和尚_10；驴_10；果_10；内心_10；学者_9；等待_9；呆_9；理论_9

4_6_1 异文化印象

中国_402；美国_88；北京_64；外国_41；菜_39；许多_37；文化_34；

乙_30；汉语_29；饭_28；甲_28；习惯_26；留学生_24；烟_22；慢_21；吸_19；了解_19；自行车_18；谦虚_16；中文_16；骑_15；乘客_15；纽约_14；公共汽车_14；街_13；以为_12；挤_12；老板_12；走后门_12；麦当劳_12；牛肉面_11；厕所_11；单位_11；相信_11；担心_11；客人_11；感_10；食堂_10；作者_10；逛_10；修_10；感受_10；印象_10；付_10；青少年_10；上课_10

4_6_3 文化比较

中国_434；美国_131；文化_104；学生_91；西方_87；国家_76；同_75；习惯_51；饭_48；方式_45；外国_38；礼物_36；主人_29；春节_29；颜色_29；英国_26；教师_26；节日_26；则_26；黄色_26；中餐_23；蟹_23；客人_21；语言_21；对方_21；见面_20；吃饭_20；西餐_20；关心_20；看来_19；民族_19；表现_18；拥抱_18；迷信_18；黑_17；东方_17；付_17；感情_17；互相_17；圣诞节_17；节约_16；法国_16；请客_16；否则_15；入乡随俗_15；谦虚_15；交际_15；加拿大_15；礼貌_14；奇怪_14；人权_14；华人_13；饭馆_13；贴_13；个人_13；中国人_12；抢_12；不好意思_12；阿_12；咖啡_12；林_12；尊重_12；黄_12；看法_11；白色_11；筷子_11；菩萨_11；手势_11；随便_11；教学_11

4_7_2 景观/景点

山_96；园林_81；长城_58；座_55；美_48；黄山_48；苏州_44；米_42；风景_33；桂林_30；泰山_29；皇帝_24；景色_23；石_22；山水_20；漓江_19；胡同_19；湖_19；五岳_18；故宫_18；建筑_18；游览_17；沙漠_17；登_16；天下_16；颐和园_16；岛_15；黄河_15；瀑布_15；广场_14；山峰_14；顶_14；登山_14；园_13；宽_13；洞_13；江_13；丽江_13；天安门_12；设计_12；和尚_11；景物_11；幅_11；泼_10；景点_10；皇家_10；窗_10；桥_10；博物馆_9；峰_9；泉_9；修建_9；东边_9；水洞_9；大多_9

4_7_3 城市地区（城市比较、介绍故乡……）

北京_144；人口_138；城市_122；上海_78；经济_68；竞争力_45；制度_37；增长_35；建设_34；南京_31；率_30；性_30；西藏_30；政府_29；亿

_28；中心_26；周庄_26；现代化_25；政治_25；占_25；情调_25；其_24；转型_23；全国_21；党_21；寒冷_21；空间_20；四合院_20；表现_20；基础_20；昆明_19；化_19；建筑_18；强_17；香港_17；拉萨_17；时期_16；基本_16；综合_16；平均_16；设施_16；城隍庙_15；创新_15；什刹海_15；及_15；程度_15；藏族_14；广州_13；市_13；朝_13；平方公里_13；出生_12；建立_12；商业_12；资本_12；深圳_12；指数_12；气温_12；结构_12；区位_11；高原_11；科技_11；特色_11；政策_11；摩梭_10

4_7_4 地理与文化

园林_45；土楼_44；四合院_37；者来寨_34；建筑_33；村民_32；西安_31；颐和园_31；黄河_30；公里_30；长江_29；罗布泊_25；客家_22；塔里木_21；广东_21；北方_21；城墙_20；南方_19；修建_18；北平_17；南_17；居住_17；湖_16；长安_16；首都_16；古罗马_15；枫叶_14；记载_14；台湾_14；温州_14；余_14；位于_14；河道_13；兵马俑_13；胡杨_13；奇特_13；流域_12；房屋_12；军队_12；大街_12；建造_12；西汉_12；公路_12；皇家_11；街道_11；公元_11；联_10；园_10；都城_10；神秘_10；奇_10；石林_10；古都_10；大多_10；遗址_10；导游_10；汉族_10；丝绸之路_9；环_9；东部_9；平方公里_9；喀什_9；宫城_9；雪山_9；中国城_9；墓葬_9；修筑_9

4_7_7 历史人文故事

画_118；船_86；马_69；齐国_54；派_53；数学_53；极光_53；箭_50；皇帝_46；楚国_45；称_44；诗_42；青海湖_37；人民_35；造_32；太后_30；科马洛夫_30；著名_30；支_29；士兵_28；时期_28；治_27；杀_27；从此_27；驴_25；传说_24；敲_24；国王_24；读书_24；弹_22；湖_22；锅_21；痴_20；唐朝_19；唐_19；汉朝_19；楚王_18；匈奴_18；系_17；江_17；命令_17；公主_17；称赞_17；卫兵_17；河神_17；论文_17；十万_17；缸_17；刻苦_16；伟大_16；主张_16；官员_16；亲自_15；王_15；大象_15；清华大学_15；使者_15；北大_15；象_15；大使_15；琬_15；官_15；瓜_14；铁_14；秦国_14；学术_14；渔民_14；练_14；娶_14；百姓_14；长安_14；题_14；决心_14；和尚_14；诗人_14；巫师_13；同志_13；宫女_13；理论_13；白话文

_13；画家 _13；雾 _13；大臣 _13；琴 _13；战国 _12；绳子 _12；上等 _12；记载 _12；猫 _12；砍 _12；曲子 _12；伯 _12；吐蕃 _12；校长 _12；巫婆 _12；岸 _12；访问 _12；思想家 _11；兄弟 _11；宋国 _11；发表 _11；军队 _11；墓 _11；新娘 _11；贡献 _11；移 _11；攻打 _11；偷偷 _11；枝 _11；下等 _11；美女 _11；县 _11；金山寺 _11；草药 _11；乐师 _10；战争 _10；沉 _10；虾 _10；侮辱 _10；砸 _10；担任 _10；兵 _10；著作 _10

4_8_4 小百科

脸 _64；人类 _53；它们 _43；研究 _42；豆腐 _39；灰尘 _33；动物 _31；较 _27；健康 _26；糖 _26；使用 _25；压力 _25；疾病 _23；太阳 _23；左撇子 _23；食物 _22；大脑 _22；营养 _21；教授 _21；设想 _20；主持人 _20；单 _20；气候 _20；头脑 _19；皮肤 _19；大量 _18；科学家 _18；森林 _18；地球 _17；适应 _17；专家 _17；风暴 _16；女性 _16；筷子 _15；人体 _15；猩猩 _14；月亮 _14；蚂蚁 _14；害虫 _14；甜食 _13；数字 _13；与会者 _12；思维 _11；会议 _11；智商 _11；地震 _11；纤维素 _11；死亡 _11；差别 _10；创造性 _10；鸟儿 _10；人员 _10；危害 _10；数量 _10；脂肪 _10；相同 _9

附录 4　汉语国际教育及教材编写可利用的主要语言资源汇总

教材编写需要各种类型的语言资源作为支撑，我们对国内外汉语语料库、数据库进行广泛调研，区分通用型语料库；专门面向汉语国际教育领域的语料库、知识库、数据库；以言语技能训练（如阅读、写作）资源利用、语言要素（如汉字、词汇）资源利用为目标开发的网站、在线词典、智能应用等，对系列语言资源进行了汇总，供汉语国际教育及教材编写时参考、利用：

资源列表

1. 现代汉语通用平衡语料库（国家语委语料库）http://www.aihanyu.org/cncorpus/index.aspx

2. 北京大学 CCL 语料库 http://ccl.pku.edu.cn:8080/ccl_corpus/

3. 北京师范大学汉语国际教育动态语料库 http://www.aihanyu.org/basic_v2/index.html#/index?_k=thnnej

4. 北京语言大学 BCC 语料库 http://bcc.blcu.edu.cn/

5. 香港 LIVAC 共时语料库 http://www.livac.org/index.php?lang=en

6. 台湾"中央"研究院平衡语料库 http://asbc.iis.sinica.edu.tw/

7. 厦门大学汉语语料库 http://121.192.180.171:8080/corpus_cn.html

8. 英国国家语料库（BNC）http://www.natcorp.ox.ac.uk/

9. 英国兰卡斯特汉语语料库（LCMC）http://www.lancaster.ac.uk/fass/projects/corpus/LCMC/default.htm

10. 美国国家语料库（ANC）http://www.anc.org/

11. 美国当代英语语料库（COCA）https://corpus.byu.edu/coca

12. 柯林斯英语语料库（BOE）http://www.collinslanguage.com/

13. BROWN Corpus 布朗语料库 https://lextutor.ca/conc/eng/

14. The Open American National Corpus 开放美国国家语料库 http://americannationalcorpus.org/

15. SKETCH ENGINE 多语言语料库 www.sketchengine.co.uk

16. 英汉平行语料库（E-C Concord）http://ec-concord.ied.edu.hk/paraconc/index.htm

17. 中山大学汉字偏误标注的汉语连续性中介语语料库 https://cilc.sysu.edu.cn

18. 国际英语学习者书面语料库（ICLE）https://uclouvain.be/en/research-institutes/ilc/cecl/icle.html

19. 中国学习者英语语料库（CLEC）http://www.clal.org.cn/corpus/ChiSearchEngine.aspx

20. HSK 动态作文语料库 http://202.112.195.192:8060/hsk/login.asp

21. LINDSEI 国际英语学习者口语语料库 https://uclouvain.be/en/research-institutes/ilc/cecl/lindsei.html

22. 国际学生英语单元（EISU）http://www.smc.edu/AcademicPrograms/ESL/Pages/English-1.aspx

23. 国际英语语料库（ICE）http://ice-corpora.net/ice/

24. 暨南大学的东南亚小学华文教材语料库 http://huayu.jnu.edu.cn

25. 中央民族大学国际汉语教材语料库

http://tpi.muc.edu.cn/App_Pages/Default.aspx

26. 中山大学国际汉语教材语料库

http://www.languagedata.net/corpus/

27. 现代汉语构式数据库 http://ccl.pku.edu.cn/ccgd/index.asp

28. LINE 中英词典 http://dict.naver.com/linedict/zhendict/dict.html#/cnen/home

29. Yellow Bridge 汉英双解学习词典 https://www.yellowbridge.com/chinese/dictionary.php?searchMode=E&word=going

30. MDBG 在线英汉学习词典 https://www.mdbg.net/chinese/dictionary

31. Chineseskill 中文能力 http://www.chinese-skill.com/cs.html

32. Chinese–English Dictionary 中英词典 http://www.mandarintools.com/worddict.html

33. Chinese Character Dictionary 汉字词典 http://newton.uor.edu/Departments&Programs/AsianStudiesDept/china-language.html

34. Chinese Language Teachers Association 中文教师联盟 http://clta.osu.edu/CLTAlinks/links.html

35. Chinese Links by Jim Becker, University of Northern Iowa 中文链接 www.uni.edu/becker/chinese2.html

36. Learning Chinese Online, created and maintained by Tianwei Xie, California State University at Long Beach 中文在线 www.csulb.edu/~txie/online2.html

37. 上古汉语语料库 http://lingcorpus.iis.sinica.edu.tw/ancient/

38. 异体字字典 http://dict2.variants.moe.edu.tw/ http://dict.variants.moe.edu.tw/main.htm

39. 香港中文大学，在线版儒学词典 http://humanum.arts.cuhk.edu.hk/ConfLex/

40. 搜文解字 http://words.sinica.edu.tw/

41. 文国寻宝记 http://wen.ling.sinica.edu.tw/pubu/index.html

42. 中国国家图书馆·中国国家数字图书馆 http://www.nlc.gov.cn/index.htm

43. 台湾师范大学古典文献资源库 http://skqs.lib.ntnu.edu.tw/dragon/

44. 中国哲学书电子化 http:s://ctext.org/shuo-wen-jie-zi/zh

45. 国学大师 http://www.guoxuedashi.com/

46. 网络孔子学院 http://www.chinese.cn/

47. 现龙第二代 http://www.dragonwise.hku.hk/dragon2/schools/archives/ys.php

48. 中文怪兽 http://www.chinesemonstermagic.com

49. Epals 埃帕尔斯 http://www.epals.com/

50. Geta Chinese Name 获得中文名 http://www.tutorming.com/webinar/GetaChineseNameNow/index.asp?fromwhere=A82aUcY8Xx

51. National Online Early Language Learning Assessment 全国在线早期语言学习评估 http://noella.uoregon.edu/noella/do/login

52. 中文学习 http://learningchineseonline.net/

53. 儿童资源网 http://www.tom61.com/

54. 中文网页 http://web.csulb.edu/~txie/ccol/

55. 汉语语音练习指南 http://sites.fas.harvard.edu/~pinyin/

56. 试听袋 http://www.audioportfolios.com/

57. 中文中介语语料 http://www.interlangua.com/Chinese.html

58. 拼音网 http://web.mit.edu/~jinzhang/www/pinyin/home/PinyinMain.html

59. 汉字教学 PPT http://www.uvm.edu/~chinese/characters/

60. 中文字卡 http://www.semanda.com/

61. 笔画 http://www.eon.com.hk/estroke/

62. 汉字笔顺演示 http://www.Mymandarin.com/class_book.html

63. 汉字笔画查询 http://www.51240.com/%E6%9D%A8__bihua/

64. Cueflash 闪光灯 http://cueflash.com

65. Animated Chinese Characters http://www.ocrat.com/ocrat/char/

66. Chinese Character Genealogy: An Etymological Chinese-English Dictionary 汉字谱系 www.zhongwen.com

67. Teaching and Learning Chinese at Kenyon College in Ohio 凯尼恩学院汉语教学 www2.kenyon.edu/Depts/Mll/Chinese

68. Teaching Foreign Languages K–12, Annenberg Media K-12 外语教学 www.learner.org/resources/series185.html

69. Basic word dictionary 基础词典 https://www.mdbg.net/chinese/dictionary

70. Niku 拟库 http://www.nciku.com/

71. Practical Chinese Reader Vocabulary List 实用中文阅读词表 http://ktmatu.com/chinese/practical-chinese-reader/

72. 加州大学汉语生词练习 http://www.csulb.edu/web/labs/langlabs/builder/table/chinese/pcr.html

73. Basic Chinese Grammar 汉语基础语法 http://www.rci.rutgers.edu/~rsimmon/chingram/

74. HSK Proficiency Test HSK 汉字谱系 http://www.yellowbridge.com/chinese/

75. 听力训练网站 http://hua.umf.maine.edu/Chinese/topics/topics.html

76. 中文天地 http://chinesereadingworld.org/

77. 阅读中文 http://readchinese.nflc.org/?page=home

78. Clavis Sinica ("Key to the Chinese Language"), created by David Porter, University of Michigan 中文学习钥匙 www.clavisinica.com/index.html

79. Chinese Love Poetry and Folklore, created by Kylie Hsu at California State University, Los Angeles 中国人热爱的古诗和民俗 www.calstatela.edu/faculty/khsu2/poetrygallery.html

80. China the Beautiful 美丽中文 http://www.beautifulchina.com

81. 长城汉语 www.greatwallchinese.com.cn

82. 实用汉语课本 Online http://web.csulb.edu/~txie/pcr.html

83. 中文听说读写 https://www.cheng-tsui.com/

84. 龙文墨影 http://web.csulb.edu/~txie/360/Etext/

85. Chinese TA ™ , Silicon Valley Language Technologies, Inc. 中文教学，硅谷语言技术 www.svlanguage.com

86. Chinese-Tools.com, Lazar Ltd. 中文工具 www.chinese-tools.com

87. On-line Chinese Tools, created by Eric Peterson, Carnegie Mellon University 在线中文工具 www.mandarintools.com

88. Learn Chinese-CRIENGLISH 中文学习 http://english.cri.cn/08chinese/

89. Tingwo 听我 http://www.tingwo.co/en

90. 对外汉语网 http://hanyu.zhyww.cn/

91. 汉语网 http://www.chinesewords.org/

92. 我的汉语网 http://www.mymandarin.com/

93. Chinesepod 中文焦点 http://chinesepod.com/

94. 虚拟紫禁城 http://tour.quanjingke.com/ramble/ramble/gugong/tour1.html

95. 华语小学 http://www.chlearn.com/

后 记

这本书的写作来源于我的博士后研究工作,以及十年来在国际汉语教材编写、面向汉语国际教育的教材语料库建设方面的实践与积累。

十年前,我作为编写人员参加《加油! Chinese for the Global Community》这套教材的编写工作,为了更全面地了解海外汉语学习者的学习生活与话题兴趣,走访了多所美国中小学校,完成了一系列问卷调研和访谈。大约五年前,我又随教材编写组考察了欧洲多个国家的中小学,对于语言与文化元素在教学材料中的融合有了更深入的认识。在这个过程中,我开始思考什么样的语言材料更能适应和激发学习者的认知兴趣,教材文本在学习者语言应用能力培养过程中所承担的角色和具有的功能,以及如何对中华文化的核心内涵与跨文化交流沟通的要素进行处理等。

十年来,我国经济社会快速发展,社会生活日新月异,热点话题层出不穷,与世界的关系也处于不断的发展变化之中,汉语国际教育工作也不断推进。教材编写和教学内容如何适应社会变化,如何适应学习者需要,什么应该改变,什么需要坚守,特别需要深入讨论。在不断丰富国际汉语教材的人文内涵、构建有效的语言文化传播话语体系方面,我们还有许多工作要做。

这本书面向国际汉语教材编写,围绕话题这个中心,尝试界定话题功能,描写话题特性,系统分析话题与其他教学要素的关系,并提出话题词表以及话题知识库构建的框架,希望能为国际汉语教师、教材编写人员,特别是能为新任教师更好地理解话题处理对于实现教学目标的意义提供一些新的思路,也希望这本书的思考有助于语料库等语言资源在国际汉语教材研发中得到应用。

感谢博士导师许嘉璐教授对我研究工作的指导,书中很多观点受益于先生的启发。感谢博士后合作导师董奇教授鼓励我探索对国家和社会有真正应用价值的研究选题。感谢朱小健、陶红印、陈绂、吴应辉、朱瑞平、王若江等师长的勉励与指导。感谢硕士导师骆小所教授对我早年语言学研究的提携和引领。感谢北京师范大学中文信息处理研究所的胡韧奋、谭晓平、李娟博士,我们一起构建的汉语国际教育动态语料库,是本书研究重要的数据来源。感谢龙煌汕、魏玮等同学对本书研究的参与和关注。

最后,特别感谢我的家人,谢谢我先生肖航教授的督促和鼓励,使书稿得以最终完成。

这本书的写作经过了不短的时间,一些想法前后有所变化,所用语料也有所增删,书中多有谬误和不完善之处,恳请读者批评并予以指正。